W0056369

Harald Hurst

D'accord mit de Welt

Für Pablo

Harald Hurst

D'accord mit de Welt

verlag regionalkultur

Titel:	D'accord mit de Welt
Autor:	Harald Hurst
Cover-Foto:	Andrea Fabry, Ettlingen
Herstellung:	verlag regionalkultur
Satz:	Andrea Sitzler, vr
Umschlaggestaltung:	Charmaine Wagenblaß, vr

ISBN 978-3-95505-307-9

Die Deutsche Nationalbibliothek verzeichnet diese
Publikation in der Deutschen Nationalbibliografie;
detaillierte bibliografische Daten sind im Internet
über http://dnb.ddb.de abrufbar.

Diese Publikation ist entsprechend den Frankfurter
Forderungen auf alterungsbeständigem und säurefreiem
Papier (TCF nach ISO 9706) gedruckt.

verlag regionalkultur
Heidelberg · Ubstadt-Weiher · Stuttgart · Speyer · Basel

Verlag Regionalkultur GmbH & Co. KG
Bahnhofstraße 2 · 76698 Ubstadt-Weiher
Tel. 07251 36703-0 · *Fax* 07251 36703-29
E-Mail kontakt@verlag-regionalkultur.de
Internet www.verlag-regionalkultur.de

Inhalt

E bissl ehrlich

Ja lieber Gott
was haißt hier ehrlich?

des isch en schöner Charakterzug
aber man soll's net übertreibe
muss pragmatisch denke
flexibel bleibe
e bissl ehrlich
isch manchmal genug

wer jedem ins G'sicht sagt
was er über ihn denkt
ohne vorher zu überlege
wer vor ihm steht
der isch zwar ehrlich
aber blöd

die Hofnarre früher
ware schonungslos ehrlich
habe mit der Wahrheit
ihre derbe Spässle g'macht
des war halt ihr Beruf
aber der war lebensg'fährlich
wenn der König nimme lacht

die Zeit isch zum Glück vorbei
trotzdem – dosiert ehrlich sei!

Publikumsverhör

Ich verzähl uff de Bühn
immer so viel von mir
ich dreh de Spieß mol um
wieso waiß ich nix
vom Publikum?

wie sieht's bei Ihne dehaim
denn so aus?
wo komme Sie her?
wohne Sie noch zur Miete
im Block siebter Stock?
oder im aigene Haus
mit Carport und Garte debei?
g'hört des noch halb de Bank
oder sind Sie Gott sei Dank
endlich schuldenfrei?

bitte, es geht mich nix a
ich will net indiskret sei

wie ticke Sie politisch?
sind Sie wo engagiert?
oder habe Sie resigniert?
schweigende Mehrheit
ein Stiller im Land?
aber Sie gehe doch wähle?
welche Partei ungefähr?
bürgerliche Mitte?

so genau will ich's net wisse
bissl rechts vom linke
bissl links vom rechte Rand?

was mache Sie beruflich?
oder sind Sie schon im Ruhestand?
falls ja – wie kommt Ihr Frau zurecht
wenn Sie nach'm Frühstück
nimme im G'schäft verschwinde
grad hocke bleibe, Zeitung lese?
tagsüber wär doch für Ihre Frau
früher die Zeit ohne Sie g'wese
zur freien Verfügung sozusage
organisiere Sie jetzt den Tag?
genau getaktet, minutiös
des isch für die Frau
schon e Umstellung
macht die des manchmol nervös?

ich wüsst gern
wie Sie Ihr Freizeit verbringe
sportlich aktiv mit Schwitze?
oder eher kontemplativ
also mehr im Liege oder Sitze?
nach der Devise:
‚Der Leib liegt auf dem Kanapee
die Seele schwingt sich in die Höh'

habe Sie Kinner?
wenn ja – wie alt?
noch in der Pubertät
oder aus'm Gröbschte raus?

habe die nach'm Abi studiert?
Oder nach der Realschul
mit ordentliche Note
e Schreinerlehr absolviert
Handwerk hat goldenen Bode
Hauptsach, alle sind tüchtig
jeder in seinem Fach
stehe die uff aigene Füß?
oder wohne die noch
bei Ihne im Haus?
im Hotel Mama unnerm Dach?

aber bitte, warum net?
es isch doch schön
wenn sich Junge und Alte versteh'n
weiter sag ich nix
ich halt mich raus
nicht mein Problem
ich garantier Ihne bloß:
solang der Service funktioniert
Koche, Wasche, Bügle
kriege Sie die net los!
die wäre doch blöd!

was ganz anneres
jetzt geh ich in medias res
will sage
ich fall mit de Tür ins Haus
was macht die Liebe?
wie sieht's beziehungsmäßig aus?
junge Paare muss ich net froge
des Feuer brennt noch lichterloh

von de Ältere wüsst ich gern
geht's immer noch so
dass mer's lasse kann?

wird's Ihne zu intim?
also, net so direkt
ich sag's durch die Blume
drück mich poetischer aus
dass niemand verschreckt

gibt's unner der Asche noch Glut?
züngelt ab und zu
noch e Flämmle hoch
wenn mer e bissl drin stochert?
Langzeit-Wärme immerhin?
dann sollte Sie sich freue
viel mehr isch net drin
wenn mer in der Liebe
Treuepunkte sammelt
aber zum Troscht nebebei
Glück dauert net so lang
wie zufriede sei

Schluss mit dem Verhör!
sonscht denke Sie noch
dass ich zu neugierig
direkt wunderfitzig wär

aber des muss ich doch noch wisse
sind Sie alle freiwillig hier?
hat jemand vom Geburtstag noch
en Geschenkgutschein absitze müsse?

wär lieber g'mütlich dehaim gebliebe?
– ich kenn des doch von mir –
bevor so en Gutschein verfallt
kommt mer in Gottsname halt

Technik, bitte
nur ganz kurz
Licht aus uff de Bühn!
Saalbeleuchtung ei'schalte!
sämtliche Deckelichter!
bei'me Publikum im Dunkle
isch jeder anonym
ich will wisse wer vor mir sitzt
die Gutschein-Leut müsse net strecke
die kenn ich an de G'sichter.

Leergut

Es läppert sich z'amme. Jeden Samstag so gege elf entsorg ich die ausgetrunkene Flasche so diskret wie möglich. Die Glascontainer sin zum Glück net weit. Bei dem Transport will ich niemand begegne. Auf die blöde Sprüch kann ich verzichte. Leergut isch Privatsach. Des geht niemand was a. Samstag isch Markttag. Viele Leut, die mich kenne, oder glaube, dass sie mich kenne.

Um den Marktplatz rum mach ich en große Boge. Den Umweg über weniger belebte Seitegasse nemm ich in Kauf. Ich geh langsam und elastisch, feder mit dem Tragarm die Erschütterunge ab. Dass es net so arg klirrt. Aber Glas gege Glas. Ganz vermeide lasst sich des Geklirre bei jedem Schritt net. Trotz meinem spezielle Leergut-Gang.

Manchmol schaff ich's unbehelligt zum Container. Aber selte. De Teufel isch e Eichhörnle. Es kann passiere, dass mein Vermieter schon im Fahrstuhl steht. Ausgerechnet der! Ich waiß gar net, ob der Mann außer Sprudel überhaupt was trinkt. Vielleicht stilles Wasser in Zimmertemperatur. Es schüttelt mich bei dem Gedanke.

Jedenfalls hat so jemand wenig Verständnis für Leergut bei seine Mieter. Schon gar net für so e voll-g'stopfte Guck, wo die Weinflasche quer drüberliege. Nei'gedrückt bis der Henkel spannt, dass se beim Trage net rauskurgle. Wenn der sowas sieht, denkt er vermutlich weiter, sieht mich nächtens in der Wohnung rumstolpere. Befürchtet vergessene rotglühende

Herdplatte und überhitzte Bügeleise. Noch glimmende Zigarettestummel uff dem Teppichbode. Scheinbar beiläufig wollt er mol von mir wisse, ob ich eine Hausratsversicherung hätt. Ich wollt net direkt lüge. Ich hab g'lacht und dabei abg'winkt. Also des hätt doch jeder, des sei sinnvoll, hab ich g'sagt. Des war eine neutrale Antwort. Er war so weit zufriede. Ich hab in jedem Zimmer en Rauchmelder, des langt.

Also was der Mann in dem Haus nuff un nunner fahrt! Unberechenbar. Entweder steht er von obe schon drin, oder er steigt irgendwo ganz überraschend zu.

Wie neulich im Erdgeschoss. Ich hab schon geglaubt, es wär g'schafft. Steht er vor mir. Er guckt uff die Guck vom Supermarkt mit der Aufschrift ‚Einmal hin, alles drin'. Die nemm ich immer für's Leergut, bis irgendwann der Henkel reißt. Er runzelt nur die Stirn, ohne was zu sage.

Aber ich seh genau, was er denkt. Ich sag unnötigerweis, als sei ich ihm eine Erklärung schuldig: „Ich hab vergangene Woch viel B'such g'habt."

Des kann mer natürlich net immer bringe. Aber am kommende Samstag hat er mich widder so saublöd verwischt. Ich hab ‚E' gedrückt. Der Aufzug fahrt hoch zum vierte Stock, wo er wohnt. Die Tür schiebt sich weg. Ich seh die Dachterrass. Er steigt zu. Ich überleg, was ich sage könnt, nur des brauch ich diesmol net. Er kommt mir zuvor. Er sieht sofort die abg'stellte Guck an der Fahrstuhlwand. Zwai Flasche ware rausg'rollt. Die wollt ich grad uffsammle. Er grinst. „Sie, Herr Kannegießer? Habe mer mol widder B'such g'habt, gell?" Was hätt ich jetzt antworte solle? Ich sag nur verdattert: „Hoffentlich ware mer net zu laut."

An dene Glascontainer treff ich immer denselbe Mann. Wir kenne uns net. Anscheinend hat er des Bedürfnis, zur gleiche Zeit wie ich seine leere Flasche wegzubringe. Was Gemeinsames im Lebensrhythmus immerhin.

Sein Alter? Schwer zu sage. So zwische fünfzig un sechzig. Eher drüber. Jünger auf keinen Fall. Aber ich könnt wette, ein Single. Alleinlebend. So wie der rumlauft, kann der kai Frau im Haus habe. Ein älterer Mann ohne weibliche Aufsicht verschlampt leicht. Es könnt sei, er war früher mol verheiratet. Aber so wie er im G'sicht aussieht, net gut. Sei Guck stammt von'me annere Lade. Auf der steht ,Hier bin ich Mensch, hier kauf ich ein'. Ein missbräuchlich zu Werbezwecken verhunztes Zitat. Goethe. Ich wüsst gern, ob der des waiß. Ich bin immer neugierig auf Mensche. Will wisse, wie die lebe. Der Mann scheinbar gar net. Irgendwie hat der beinah was Autistisches.

Des Entsorge geht zügig und stumm. Jeder für sich. Mer hört nur Glas klirre un splittere. Jeder stoßt seine Flasche durch die Röhre mit dene Gummilasche. Die dickwandige gehe net kaputt. Die falle durch wie Bombe, die net detoniere. Blindgänger. Des G'schäft dauert ungefähr e Minut. Manchmal schiel ich verstohle zu ihm rüber. Was trinkt denn der so? Des däd mich int'ressiere. Aber es geht zu schnell. Um die Etikette zu lese, müsst ich ihn am Handg'lenk packe. Ich seh nur, er hat überwiegend Flasche mit Schraubverschluss. Vor dem Einwurf schraubt er die Blechkappe net ab, wie sich des g'hört. Des ärgert mich innerlich. Herrgott, die Dinger dreht mer doch vorher runner! Die legt mer uff's Containerdach! Ich sollt ihn mol darauf aufmerksam mache. Natürlich in'me freundliche Ton. So käme mer vielleicht sogar ins Gespräch. Aber wer waiß, wie der dann reagiert? Lieber net.

Immerhin, er sortiert wenigschtens nach Glasfarbe. Des macht er gewissenhaft. Links Braunglas, rechts Grünglas. Den Container für Weißglas in der Mitte brauche mer selte. Mol für e Marmeladegläsle. Oder e bauchiges Essiggurkeglas.

Wenn er zum Grünglas will, ich gleichzeitig zum Braunglas, komme mer uns in d'Quer. Es wär Platz genug, um sich auszuweiche. Nur über welche Seit? Verlegene Trippelschrittle um uns rum, fahrige Bewegunge. Bauch an Bauch. Für Sekunde eine komische, beinah intime Situation. Beim gegeseitige Wegschiebe kommt's aus Versehe zu einer kurze Umarmung. Ich muss lache. Ich sag: „Ach Gott, mir were doch anenanner vorbeikomme!" Er lächelt gequält, als hätt er en Krampf im G'sicht. Am Schluss falte mer unsere leere Gucke viermal z'amme und streiche se uff'm Containerdach glatt. Damit mer se unauffällig in d'Tasch stecke kann. Dann geht jeder wortlos in e annere Richtung fort.

Am letschte Samstag sin mer uns immerhin e bissl näher näherkomme. Nach dem stumme Entsorge hat er mit einer Zigarett im Mund seine Tasche abgeklopft. Mit mei'm Zippo hab ich ihm Feuer g'ebe. Er hat sich mit'me Kopfnicke bedankt. Ich hab eine mitg'raucht.

Seit an Seit stütze mer uns mit de Elleboge uff des eiserne G'länder am Containerplatz. Gucke in den klare Schwarzwaldbach, der des Städtle malerisch halbiert. Um des Schweige zu durchbreche, nur dass was g'schwätzt wird, sag ich: „Der Blick in so e Flüssle hat was, gell?" Ich guck zu ihm rüber. Von ihm kommt nix. Ich lass mich net entmutige. Ich sinnier laut weiter. „Ich waiß net genau, wer des g'sagt hat. Ich glaub Heraklit." Keine Reaktion. Ich zitier philosophisch nachdenklich: „Alles fließt." Ich hör ihn nebe mir tief durchschnaufe. Er schnippt sei Zigarett ins Wasser. Sagt nur: „Scho widder e Woch rum."

Zielführend

Ab und zu
sollt mer des Lebe
vom End her denke

dann könnt mer sich
en Haufe Stress schenke
der Nahkampf mit de Elleboge
wer hat wen über de Tisch gezoge?
des Rumtrepple im Hamschterrad
des viele G'schwätz im Netz
die ganze G'schaftlhuberei
ging ai'm – pardon
am Arsch vorbei

im Terminkalender wär Platz
für Hauptsatz, Komma, Nebesatz
für analoge Gedanke
Zeit ‚zur freien Verfügung'
Luxus pur
weiße Blätter bis zum Rand
mer wär Gott sei Dank
nimme so wichtig
schon garnet systemrelevant

mer müsst nimme dringend
überall sei
d'Welt dreht sich weiter
wenn mer irgendwo fehlt
bleibt die net steh

es gäb kaum Verdruss
jeder schafft halt lieber
wenn er net muss

wenn mer des Lebe
vom End her denkt
wozu die Treibjagd?
die blöde Hetzerei?
sogar wenn mer nur Däumle dreht
ging des Lebe zielführend vorbei

aus Märchen lernt mer viel
beim Wettlauf isch der Igel
ganz entspannt
immer vor dem Has am Ziel.

Sich ei'lebe in de Provinz

De Müll sauber trenne
selber sauber deherkomme
dass d'Leut merke
dass mer's gern sauber hat

sei Stückle Straß
regelmäßig samstags fege
aber net schludrig nebebei
sondern richtig
dass d'Nachbarschaft sieht
wenn s'Vorhängle wackelt
der passt zu uns
dem isch Ordnung wichtig

nach der Mode gehe
aber net übertreibe
net den Trendsetter spiele
nach Berlin oder Paris schiele
den ortsübliche Rückstand ei'halte
im Durchschnitt bleibe
sich im G'schäft berate lasse
was tragt mer so heut?
was passt zu de Leut?

die eigene Meinung vertrete
warum net?
nur die Schnittmenge sollt stimme
dass die sich mit de annere deckt
leichte Abweichunge sind drin

aber d'Kirch im Dorf lasse
dass mer niemand verschreckt

wichtig sei
immer irgendwo fehle
beim Esse in de Wirtschaft
wenn se de Hauptgang serviere
Vibrationsalarm in de Sakkotasch
sich entschuldige
es sei dringend
rausrenne zum Telefoniere

tüchtig sei
über Stress klage
mer sei aigentlich urlaubsreif
aber es ging halt grad schlecht
weil sonscht im Betrieb
alles z'ammebrecht

ganz wichtig
ein geselliger Mensch sei
und naturverbunde
gern wandere geh
wie sich des g'hört
also richtig
net als Sonderling einsam
durch die Wälder spaziere
als sei mer sich selber genug
nix Goethe –
‚Ich ging im Walde
so für mich hin …'
zügig durch die Natur marschiere

mit'm Schwarzwaldverein
oder beim Kegelausflug

später im Ortsblättle lese
es sei beim Abschluss im Clubhaus
eine Bombestimmung
eine mords Gaudi g'wese

am Wochenend zur Grillzeit
nette Leut ei'lade
im Grillschürzle am Weber-Grill stehe
Schweinesteaks brutzle
Bratwürscht vom Supermarkt rumdrehe
ein Familienmensch sei
Nachbarskinner rumhutzle
im Gummi-Plantschbecke sitze
mit der Pumpgun
die klaine Bube spritze
Schaukle a'schucke
über Baumärkt diskutiere
den neue Hochdruckreiniger
von Kärcher vorführe
später Sportschau gucke
g'mütlich z'ammehocke
gepflegtes Pils vom Partyfass

dann ha'sch dich ei'glebt bei uns
und die Welt isch so groß
wie dei Garteterrass.

Am Zitronebäumle

In der warme Jahreszeit war das ‚Hellas‘ mein Stammlokal. Mein Lieblingsplatz war des Zweiertischle beim Zitronebäumle am Terrasserand.

Von dort kann mer den Flanierbetrieb überblicke. Ich könnt stundelang Leut beobachte. Es stört mich nur, dass mer beim Gucke g'sehe wird. D'Leut habe schon g'sagt, des Hellas sei mein zweites Wohnzimmer.

Es war um die Mittagszeit unner de Woch. Ein strahlend blauer Sommertag. Trockene Hitz. Ich hab mich schon morgens für den Tag beurlaubt. Als freier Schriftsteller kann ich des mache ohne ärztliches Attescht. Sogar nach einer Woch müsst ich sowas net vorlege. Wem denn? Ich bin mein eigener Chef und an einem guten Betriebsklima int'ressiert.

Im zittrige Halbschatte vom Zitronebäumle schenk ich mir aus dem Blechkännle eiskalten Retsina ei. Ich hab die ganze Terrasse für mich. Zu heiß für Mittagesser. Der Apostolis, der Wirt, kurz Lakis, setzt sich zu mir. Er stellt e Flasch Ouzo ohne Etikett uff de Tisch. Den schenkt er im Lokal normal net aus. Der sei von dehaim. Selbergebrennt, sagt er. „Yamas!" Er sagt: „Schmeckst du Unterschied?" Ich schließ genießerisch die Auge. „Ah, ha ja! lauft runner wie Öl!" Yanis, der Saisonkellner, bringt uns en Vorspeiseteller. Gefüllte Weinblätter, Olive, Tsatsiki, Taramas, Fladebrot. Der Lakis sagt: „Geht auf Haus." Ich hab meine Turnschlappe ausgezoge, spür des warme Pflaschter unner de nackte Sohle. Es könnt mir jetzt net besser geh. Ich fühl mich wie ein badischer Alexis Sorbas.

„Yamas!" Der Ouzo läppert uns beim Anstoße über d'Händ. Ein älteres Ehepaar guckt zu uns her.

Vom Sehe kenn ich den Mann am Rollator. Ich überleg. Es isch der Herr Spandel vom Ordnungsamt, schon lang pensioniert. Damals war ich oft im Amt bei ihm vorstellig, weil ich gebührenpflichtige Verwarnunge net bezahle wollt. Kleine Verkehrsdelikte.

Falschparke, sowas. Wie er mich von näher sieht, bleibt er steh. Ich seh des Hörgerät in seinem Ohr. Er flüschtert seiner Frau was zu. Viel zu laut. Ich versteh jedes Wort: „Guck, isch des net der Kannegießer? Also ich möcht mol wisse, wann der Schreiberling was schafft!" Sei Frau zieht ihn am Ärmel weiter. „Pscht, Otmar! Des hört der doch!", zischt sie noch lauter zurück. „Sesselfurzer!", hätt ich ihm gern hinnerher g'rufe. Stattdesse hab ich ihm nur freundlich lächelnd zugeprostet. Des ärgert den mehr, hab ich mich g'freut.

Irgendwann hängt e Schild an der Hellas-Tür. ‚Wegen Renovierung bis einschließlich Freitag geschlossen.' Als befreundeter Stammgascht hab ich Zugang durch die Hinnertür. Mittags hat des Personal für sich gekocht. Es war ein reiner Familienbetrieb. Alle aus der Gegend um Thessaloniki. Nur der Christos war ein Freund der Familie. Er war als Kellner fest angestellt. Sei Frau hat in der Küche g'schafft.

Am Personaltisch hab ich mit dem Lakis Metaxa getrunke. Die Elena, sei Frau, hat sich zu uns g'setzt. Wir habe dem Maler zugeguckt. Der hat wieselflink und hochkonzentriert g'schafft. Es war kein normaler Maler, kein Anstreicher, sondern ein Kunschtmaler! Mit seinem verbeulte Ford Transit war der in Deutschland auf Tour, um griechische Lokale mit Wandbilder auszumale. Von Flensburg bis Passau.

Mit Bleistift hat er grob vorgezeichnet. Als Rahmen immer Fenschter mit halboffene Läde, perspektivisch nach auße geklappt. Optische Täuschung. Der Blick geht über eine Bucht. Türkisfarbenes Meer, Fischerboote. Zum Meer abfallend Pinienwälder mit Tempelruine. An der Hafenmole Tavernen. Davor Männer uff Stühl. Die Figure nur angedeutet. Weiße Häuserwürfel am Hang mit blau g'strichene Türe. Jeder Pinselstrich sitzt. Selte macht er mit zusammegekniffene Auge en Schritt zurück, springt vor, bessert was aus. Vor unsere Auge entsteht ein idyllisches Griechenland wie am Fließband. In nur drei Tag.

Der Tavernenmaler hat seine Malutensilien im Transit verstaut. Gege Aufpreis wollt er noch e Fischernetz an die Decke düble. Sogar mit Muschle drin. Aber die Elena hat des verhindert. Dafür hat er dem Lakis am Auto noch zum Sonderpreis eine leicht beschädigte Aphrodite samt Sockel verkauft. Die Elena hat ihn mit der Gipsfigur unnerm Arm sofort zurückg'schickt. Aber der Lakis hat den Transit nur noch von hinne g'seh. Sie war schon bezahlt. Jetzt steht die Aphrodite zwische Damen- und Herrentoilett.

Als alles fertig war, hat mich der Lakis ang'rufe, zur Lokalbesichtigung. „Komm, musst du sehen! Ist schön geworden!" Mit seiner Elena im Arm sitzt er am Personaltisch. Ich muss die Wandmalereie bewundere.

Bei einem Gemälde bleib ich länger stehe. Ich guck von ganz nah. „Toll, wie er die Spiegelung von dem Boot im Wasser g'malt hat!" Der Lakis stellt sich nebe mich. Ich will ihm die Stell zaige. „Guck mal, hier!" Er schlagt mir blitzschnell de Arm runner. „Finger weg! Ägäis ist noch nass!"

Am Freitagobend wollt ich dem Lakis e Kabelroll bringe. Zur Wiedereröffnung hat er griechische Musiker engagiert, zwei Bouzouki-Spieler und eine Sängerin. Die Elena hat mit ihrem Smartphone grad die Wandgemälde fotografiert, um die Bilder heim nach Griechenland zu schicke. Der Lakis sei noch in der ,Metro', einkaufe. „Willst du warten?" Ich sitz schon. Sie bindet sich en Schurz um, steckt ihre dicke schwarze Haar mit rote Kämmle z'amme. Mit ihrer üppige Figur hat sie was Matronenhaftes. Immer noch eine schöne Frau, denk ich. In der Tür mit dem Schildle ,Privat' erscheint der Yanis in verknitterte Hausklamotte. Ich kenn ihn nur in seiner Kellnerkluft.

Er gähnt ausgiebig. Als er mich sieht, hebt er schnell die Hand vor de Mund. Die Elena sagt was auf Griechisch zu ihm. Zu mir: „Yanis immer müde." Er bringt mir e Glas Metaxa, setzt sich aber net zu mir. Nach drei Monat als Saisonkellner spricht er immer noch kein Wort Deutsch. Er versteht manches vom Wortklang her. Zum Beispiel ,Herr Ober, die Rechnung bitte'. Oder wenn er hört ,Ober, zahle!', dann waiß er, dass ein Gascht schon länger wartet. Bei Beschwerde oder Sonderwünsch holt er den Lakis. Ich mag den Kerl irgendwie. Er bleibt wortlos freundlich und fremd. Sowas int'ressiert mich.

Ich wart uff den Lakis. Der Personaltisch ist übersät mit vorsortierter Poscht. Aus dem volle Papierkorb fisch ich die Broschüre von einer Importfirma von griechischem Wein. Ich überflieg eine Art Leitfaden für den Umgang mit deutsche Gäscht.

> Griechen sind für ihre Gastfreundschaft und Herzlichkeit bekannt. Ebenso für ihre unkomplizierte Daseinsfreude. Vermitteln Sie Ihren Gästen dieses Gefühl!
> Der deutsche Gast liebt es, wenn Sie ihn als Freund des Hauses exklusiv begrüßen. Eilen Sie ihm entgegen. Setzen Sie sich eine Weile an seinen Tisch. Den Ouzo zur Begrüßung nicht vergessen! Es lohnt sich! So gewinnen Sie treue Stammgäste, die mit ihren Familien und Freunden gerne wiederkommen. Zu ‚ihrem Griechen‘.

Nach einer halbe Stund kommt der Lakis immer noch net. Ich will nimme länger warte. Der Yanis kassiert den Metaxa. Beim Lakis wär der gratis g'wese. Schon wege der Kabelroll. Aus der Küche winkt mir die Elena. Sie bedauert. „Bei Metro geht immer lang. Nico Metzger dort. Auch Grieche. Landsmann. Viel reden." Beim Gehe seh ich den Yanis im Hof. Uff'me Campingstuhl döst er in die späte Sonn. Er hat sich e Thymianzweigle hinners Ohr g'steckt. Ab und zu wackelt er mit'm Kopf, damit ihm der aromatische Duft unner d'Nas weht.

Der Yanis war ein dicklicher, hüftschwerer junger Mann Mitte zwanzig. Mit ungesunder G'sichtsfarb und bräunliche Augering. Beim Gehe schrappt hörbar der Stoff von seine schwarze Kellnerhose zwische de Knie. Des weiße Hemd spannt am Speckring überm Gürtel. Außerhalb vom Hellas hab ich ihn noch nie g'seh. Er lebt zwische seinem Mansardezimmer und dem Lokal.

Was ich von ihm waiß, hab ich vom Lakis. Er sei ein – er sucht nach dem Wort, erklärt: „Seine Vater, meine Bruder, verstehst du?" Ich sag: „Neffe." Ich erfahr, der Bruder sei Tabakbauer. Er hätt sich mit einer moderne Bewässerungsanlage übernomme.

„Jetzt Yanis muss Geld verdienen. Bei mir in Hellas." Er hat e G'sicht gezoge, als hätt er ranzige Butter im Mund. „Familie! Was will'sch mache?" Er sagt: „Yanis guter Junge. Fleißig auch. Aber in Service Katastrophe! Kommt nicht klar mit deutsche Gäste. Mit die Mentalität. Wie ticken?" Er hebt die Ärm, lasst se falle. „Wie soll gehen, wenn Sprache net lernt? In die Kopf immer daheim. Jede Cent schickt zu meine Bruder. Lebt in Deutschland wie Diogenes in Fass! Kennst du die Philosoph?" Ich nick. „Klar, ich kenn die Philosoph." Er will immer, dass ich ihn bei der Grammatik verbesser. Aber wenn ich ihm e Weile zuhör, färbt des ab. Dann schwätz ich wie er.

Die Terrass vom Hellas war wie Freilicht-Theater für mich. Von meinem Logenplatz hab ich die Bühne überblickt. Am Anfang hab ich noch Schreibzeug mitg'nomme, um nebebei was zu schaffe. Oder wenigschtens e Buch zum Lese. Aber des Stück war zu int'ressant. Laufend Szenenwechsel mit neuem Personal.

Tisch z'ammestelle

Eine fröhliche Clique steuert auf die Terrass zu. Junge Leut. Sie stelle sofort Tische z'amme, suche in der Umgebung nach freie Stühl. Des soll der Yanis auf Anweisung vom Chef net erlaube. Was macht er jetzt? Als Zuschauer bin ich g'spannt. Der Yanis schüttelt energisch de Kopf. Er wackelt mit seinem Verbotsfinger, macht „No no!" Aber die erschte sitze schon. Einer tragt en Stuhl vom Nebetisch an ihm vorbei. Der Yanis greift nach der Lehn, aber zu zaghaft. Einer beruhigt: „Wir stelle nachher alles zurück an sein Platz!" Der Yanis resigniert mit hängende Ärm.

In dem Moment erscheint der Lakis im Lokaleingang. Er balanciert drei Teller Moussaka vor sich her. Die stellt er schnell irgendwo ab. Beinah wär ihm ein Teller vom Unnerarm g'rutscht. Ich seh Zornfalte zwische seine Auge. Er schiebt den Yanis zur Seit. „In Ihre Wohnzimmer Sie können Möbel stellen, wo wollen. Mir egal. Aber in meine Restaurant geht nicht!" Er serviert die Portione Moussaka. Die Gäscht an dem Tisch pflichte ihm bei. „Bravo, Sie habe Recht! Die Junge wisse nimme, was sich g'hört!" Die Clique diskutiert. Gehe oder bleibe? Die Fraue, besser Mädle, stehe schon. „Was soll's? Wir haue ab!" Plötzlich kommt der Lakis zurück. Er kommandiert: „Sitze bleibe! Heute Ausnahme! Nächste Mal Sie wissen: Vorher fragen, dann okay!" Er verschwindet im Lokal, lasst die junge Leut ratlos und verdattert zurück. Kurz darauf erscheint er mit einem Tablett. Acht Gläser Ouzo zur Begrüßung. „Yamas!"

Laktose

Früher Nachmittag. Sattblauer Himmel mit Schäfle-
wolke. Ich hab kain Balkon. Es hat mich vom
Schreibtisch raus in die bewirtschaftete Natur gezoge.
Zu meinem Zitronebäumle. Ich nemm e dickes Buch
mit 600 Seite mit Anmerkungen. Eine Biographie von
Alexander von Humboldt. Der Yanis bringt mir mei
Kännle Retsina. Ich zupf den Lesebändel raus. Ein
älteres Paar nimmt am Nebetisch Platz. Wohlsituierte
Senioren. Jack-Wolfskin-Jacke, Walkingstöck. Rüsch-
tige Best Ager. Er wartet, bis sie sitzt. Hat ihr sogar
de Stuhl unnerg'schobe. Ich denk, verheiratet sind
die net. Sie hole ihre Brille raus, studiere die Kart. Sie
sagt: „Ziemlich fleischlastig, die Speisen." Er: „Wie
wär's mit Fisch?" Es int'ressiert mich doch, was die
bestelle. Es isch net so, dass ich horch. Ich hör halt,
ob ich will oder net. Ich guck a net rüber. Ich seh des
nur am Rand von meinem Blickfeld.

Der Yanis kommt mit Kuli und Blöckle. Sei Hos
scheuert zwische de Knie. „Wir überlegen noch", sagt
der Herr. Der Yanis nickt und lächelt, aber er geht
net. Mit gezücktem Stift wartet er am Tisch. Der Herr
misstraut dem Fisch. „Sagen Sie, zu dem Preis? Ist das
wirklich Seezunge? Oder Pangasiusfilet?" Der Yanis
steht uff'm Schlauch. Er lächelt, nickt vorsichtshalber.
Ich würd ihm gern helfe. Der Herr, irritiert: „Ja, was
denn nun?"

Zum Glück kommt der Lakis. Er zupft den Yanis
hinne am Hemd vom Tisch weg. Er entschuldigt sich
für ihn. „Neu in Deutschland. Noch Problem mit
die Sprache." Dann sagt er kategorisch und e bissl

belaidigt: „Wenn in Hellas-Karte Seezunge steht, ist Seezunge!" Die Herrschafte bestelle trockenen Weißwein, Mineralwasser, zweimal Seezunge, einen Vorspeiseneller für zwei Personen. Der Lakis notiert. Die Dame fasst ihn am Handgelenk. „Moment mal! Ich les gerade, zur Vorspeise gehört Tsatsiki. Ich habe eine Laktose-Intoleranz. Diese weiße Pampe, ist da Laktose drin?" – „Muss ich fragen in Küche", sagt der Lakis. Im Vorbeigehe zwinkert er mir zu.

Nach e paar Minute bringt er die bestellte Getränke mit zwei Ouzo. Er beruhigt die Dame. „In Tsatsiki keine …" Des Wort fallt ihm net ei. Sie ergänzt: „Laktose." Er wiederholt: „In Tsatsiki nix – Laktose."

Ich les im Vorwort zu meinem Buch. Sie unnerhalte sich über gemeinsame Interesse. Er legt seine Hand auf ihre. Ich hab Recht g'habt. Kein Ehepaar, sondern Spätverliebte. Als die Vorspeise kommt, wünsch ich guten Appetit. Ich hoff, die Frau kriegt kaine Beschwerde mit'm Mage.

Mit der Zeit hab ich zum Yanis eine wortlose Nähe empfunde. Sowas wie Empathie. Ich leid oft mit ihm. Grad bei Hochbetrieb auf der Terrass. Der Lakis hat ihn e bissl gebrieft, wie mer heut sagt. Er hat ihm drei deutsche Wörter beigebracht, die er im Service bei mehr als einem Gascht unbedingt braucht. Seither greift er beim Kassiere hinner sich. Er zieht sein speckige Kellnergeldbeutel unnerm Gürtel vor. Dabei sagt er beinah akzentfrei: „Getrennt oder zusammen?"

Tour de France

Sonntag gege Obend. Nach'm Schwimmbad bin ich net an der Hellas-Terrass vorbeikomme. Kaum sitz ich, kommt ein Rudel von befreundete Familie. Alle in zünftiger Radlerkluft. Schlussetappe nach einer Radtour. Ein Equipment wie bei der Tour de France. Grellfarbige Trikots, hautenge Radlerhose, im Schritt dick gepolschtert. Mit Spezialschuh, die net abrolle, gehe se steif über des Pflaschter. Wie verletzte Fußballer vom Platz. Durch des Blattwerk vom Zitronebäumle seh ich ihre Räder. Des sin eher superleichte, aber stabile Fahrmaschine. Carbonrahme, Federung, Trommelbremse, Schaltung mit 24 Gäng. Navi an manche Lenker. Dezwische mei altes Gritzner Damenrad mit Dreigang-Nabenschaltung und Rücktritt. Nur der mittlere Gang geht.

Ein drahtiger, gebräunter Mann, anscheinend der Rudelführer, fragt immerhin, ob mer zwei Tische z'ammeschiebe könnt. Der Lakis helft sogar mit. Im Kopf überschlagt er den zu erwartende Umsatz.

Die Halbwüchsige sitze schon. Sie habe ihre Helme uff de Bode g'schmisse, wische über ihre Smartphones. Eine junge Frau fragt höflich, ob sie den freie Stuhl bei mir habe könnt. „Ja bitte, gern." Ich guck ihr hinnerher. Die hätt eine tolle Figur, wenn mer's e bissl barock mag, denk ich. Nur die Radlerhos. Wie abgebunde. Schad um die schöne Fülle! Ich nemm en große Schluck Retsina, dass ich uff annere Gedanke komm.

In einem Fahrradanhänger mit Wimpelstang schreit ein Säugling. Die Mutter lüpft ihn raus. Sie schnuppert an der Windel. Sie gibt ihn ihrem Mann zum Probeschnuppere. „Au ja! Der hat was drin!" Sie wickelt des Kind in der Damentoilett.

Auf der Terrass spielt ein turbulentes Stück. Der Yanis nimmt die Bestellunge entgege. Getränke sin schon erledigt. Der Yanis kann so fragend gucke, dass ihm die Leut des Gewünschte in der Speisekart zaige. Er notiert die Nummer. Viele wolle des Gleiche. Einer ruft: „Gyros mit Pommes Hand hoch!"

Die Frau mit dem frisch g'wickelte Säugling kommt zurück. Am Tisch schafft sie en mächtige Buse aus ihrem hochg'wickelte Trikot, legt e Läpple drunner. Sie stillt. Der Yannis wird rot. Er waiß net, wo er hingucke soll. Sein Blick sucht den Lakis. Der winkt ab. Soll wahrscheinlich bedeute ‚Kein Problem. Lass grad!'. Im Vorbeigeh raunt er mir zu: „Jetzt die Baby sein, Jörg."

Die Esse komme ziemlich gleichzeitig. Ein pubertierender Sprössling mit einer lila g'färbte Stirnlock uff'm sonscht kahlg'schorene Kopf mault laut: „Des könne die selber fresse!" Statt Pommes hat er gebackene Kartoffelschnitz mit Rosmarin kriegt. Die Mutter zischt: „Eine andere Ausdrucksweise, Leander!" Sein Vadder beschwichtigt: „Nun probier doch erst mal! Die schmecken vielleicht ganz toll!" Einer sagt: „Ganz einfach, Leander. Wir tauschen! Du kriegst meine Pommes. Ich dafür …" Weiter kommt er net. Der Leander schubst zornig den Teller von sich. Biergläser kippe um, Gyros, Pommes und die Kartoffelschnitz sind über den ganze Tisch verstreut. Die Mutter schreit: „Jetzt reicht's aber, Leander!"

Der Yanis sammelt mit versteinertem G'sicht die Brocke vom Tisch. Der Christos helft ihm. Sie müsse des Tischtuch wechsle. Dann kriegt der Leander seine Pommes. Eine extra große Portion mit viel Ketschup. Er bedankt sich net. Mit de Ellboge uff'm Tisch stützt er trotzig de Kopf in die Händ, starrt in sein Teller. Jetzt will er nimme. Dann esst er doch, weil er Hunger hat. Immer schneller mit de Finger. Ein Gascht am Terrasserand reklamiert. Er hätte griechische Bratkartoffel bestellt. Keine Pommes Frites! Die Stimmung am Tour-de-France-Tisch isch getrübt. Ein älteres Ehepaar an meinem Nachbartisch schüttelt die Köpf. Der Mann schwätzt halb zu mir rüber: „Dem Rotzlöffel g'hört doch e jesusmäßige Maulschell, oder? Wenn des meiner wär!" Ich mach so, als hätt ich des net g'hört.

Aber im Stille geb ich ihm Recht.

Es dämmert schon blau. Die Radler habe's plötzlich eilig. Zieletappe. „Ober, zahle!" Der Yanis kommt mit Geldbeutel und langem Kassebonstraife an de Tisch. Er sagt den Satz: „Getrennt oder zusammen?" Es kommt wie aus einem Mund: „Jeder zahlt sei Sach!" Jetzt geht die Rechnerei los. Wer hat was genau g'habt? Um jedes Glas Sprudel, jeden Espresso wird diskutiert. Der Yanis schnauft schwer. Er schwitzt, streicht durch, hakt ab. Jemand sagt: „Moment, des kann net stimme!" Sie nemme ihm den Zettel aus de Hand. Hat er sich verrechnet? Des Ganze nochmol. „Hat er die Grumbiere vom Leander berechnet? Guck mol!" – „Hat er nicht." – „Ha, des wär jo noch schöner!" – „Also Trinkgeld kriegt der von mir net!" – „Wenn der wenigschtens e bissl freundlicher g'wese

34

wär!" Mit solche Kommentare schlupfe se in ihre fingerlose Handschuh. Der Leander führt des Feld an in der Zieletappe. Er reißt sei Rad vorne hoch, fahrt e paar Meter uff'm Hinnerrad. Der Yanis schlurft über die Terrass. Er tragt ab. Sei weißes Hemd klebt am Rücke, hängt aus de Hos.

Der Sommer war für mich wie Urlaub im Sitze. Ohne größere Ortswechsel hab ich viel erlebt. Wozu Urlaub in ferne Länder? Meine Landsleut ware mir exotisch genug. Ich hab mich g'wundert, hab mich oft amüsiert und manchmol auch fremdgeschämt, modern ausgedrückt. Also für annere geniert.

Der Lakis, stocksauer

Ich war bis mittags am Schreibtisch. Es isch net viel dabei rauskomme. Aber ergebnislos denke isch a g'schafft. Wenn mer's übertreibt, wird mer rammdösig. Des isch so eine Art von blöd. Deshalb wollt ich eigentlich en längere Spaziergang mache, de Kopf auslüfte. Aber bei mir gehe gute Vorsätz oft mit dem Wörtle ,eigentlich' los.

Ich geh entschlosse Richtung Stadtpark. Ich überleg, ob ich vor dem Spazieregeh noch e Runde Mini-Golf spiele soll. Des Bücke wär gut für mein Rücke.

Vor der Terrass hält ein englischer Sportwage. Des Lenkrad uff de falsche Seit. Ein ,Triumph TR 4' mit offenem Verdeck. Ein gepflegter Oldtimer. Der Fahrer hat so e weißes Häuble überm Kopf. Wie früher die Rennfahrer. Seine Begleiterin trägt so eine amerikanische Basecap wie der Ex-Präsident Trump. Durch den Verstellrieme am Hinnerkopf quillt en blonder Pferdeschwanz. Sie gehe über d'Straß zum Hellas. Ich war schon vorbei. Spontan dreh ich um. Eigentlich wollt ich ... Egal. Hauptsach ich bin an de Luft.

Die sitze an meinem Zitronebäumle. Ich setz mich halt an des Nachbartischle. Die Frau trägt verwaschene Jeans mit Schlenzer an de Knie und ausg'franzte Löcher. Des kenn ich normal nur bei junge Mädle. Die Hos beißt sich mit ihrem G'sicht. Es isch so e Frau, wo mer verschreckt, wenn se sich umdreht. Der Pferdeschwanz wird grau sei.

Sie schiebe ihre Sonnebrille in die Stirn, lese die Speisekart. Der Yanis kommt mit zwei Gläser Ouzo uff'm Tablett. Zur Begrüßung, wie immer. Der Mann wehrt ab. Er schnuppert an'me Glas. „Was ist das denn? Kommt mir bekannt vor, riech du mal, Schatz." Sie hebt d'Nas drüber. „Anisschnaps! Raki! Haben wir im Türkei-Urlaub mal probiert. Scheußliches Zeug!" Er wollt sich zum Kellner umdrehe. Aber der war weg.

Mit dem Lakis kommt er zurück. „Sie haben Problem?" – „Wir haben das nicht bestellt. Kein Alkohol um diese Zeit! Ich muss außerdem noch fahren", kommt die Antwort. Sie sagt: „Raki ist ohnehin nicht unsere Sache." Der Lakis zuckt sichtlich z'amme. „Sie sind in griechische Restaurant! Ist Ouzo!" Der Mann winkt ab. „Wie auch immer. Die Schnäpse können Sie wieder mitnehmen!" Der Lakis sagt: „Ist Geschenk, gratis. Aber bitte, müssen nicht trinken." Er will des Tablett widder mitnemme. Der Mann hält ihn am

Handg'lenk fescht. „Moment mal, warten Sie." Er wirft en Blick in die Getränkekart. „Wäre es möglich, die Schnäpse gegen je eine Kugel Eis zum Nachtisch einzutauschen? Ist doch vom Preis her etwa gleich." Am Nebetisch hab ich geglaubt, ich hör net richtig. Ich hab den Lakis noch nie so g'seh. Er wird blass, seine Mundwinkel zucke. Er kippt einen Ouzo, den zwaite schüttet er ans Zitronebäumle. Beim Gehe gibt er dem Yanis eine kurze Anweisung auf Griechisch.

Des Paar geht fluchtartig nach einer Viertelstund. Der Yanis hat alle Gäscht außerum bedient. Den Blick zu ihrem Tisch hat er konsequent vermiede.

Im Rege unnerm Sonneschirm

Es hat getröpfelt. Die Gäscht ware mit ihre Teller samt Besteck ins Lokal g'flüchtet. Es regnet sich ei. Aus dem Getröpfel wird en warmer Landrege. Ich hab des gern, wenn de Rege vor meine Schuhspitze uffhört. Wenn außerum alles nass wird, nur ich net. Des hat für mich was Behagliches. Zudem war's mir net nach Leut.

Vom Stadtbahnhof her komme zwei Fraue mit klaine Proviantrucksäckle und breitkrempige Schlapp-hüt aus Leder. Sie renne geduckt Richtung Terrass. Unner mei'm Schirm raucht de Lakis grad e Zigarett. Die Fraue, atemlos: „Wird man denn auf der Terrasse bedient?" Der Lakis sagt: „Gehen besser in die Lokal. Ist gemitlicher." Aber sie wolle partout drauße bleibe. Sie setze sich unner den Schirm nebe mir.

„Guten Abend." – „Gute Obend."

Der Lakis geht sichtlich widerwillig ins Lokal, die Speisekarte hole. Er muss e paar Schritt durch de Rege. Die Fraue, schätzungsweis um die Fünfzig, ziehe ihre Regejacke aus. Ein seltsames Gespann. Knöchellange, bunte Flatterröck, aber ihre Füß stecke in schwere Trekking-Stiefel. Eine sagt: „Ist das nicht genau der richtige Ort zum Abschluss unserer Tour, Lilo?" Die Lilo streckt d'Ärm hoch, dehnt sich wohlig. „Ach, ich fühl mich so richtig geerdet! So eins mit der Natur! Diese Ruhe, die von den Tieren ausgeht! Die wirkt nach. Spürst du das auch, Franzi?" Die Franzi zieht en Stiefel aus, guckt unner ihre Wollsocke. „Ich glaub, ich hab mir Blasen geholt." Normal misch ich mich net in fremde Gespräche. Ich wollt schon bezahle. Aber jetzt steck ich de Geldbeutel widder weg. Ich leg mir en hochdeutsche Satz zurecht, nur für den Anfang. Ich sag: „Entschuldigung, ich habe nicht gelauscht. Aber das mit den Tieren macht mich doch neugierig."

Zu meiner Überraschung sind die Fraue sofort mitteilsam. Sie sprudle direkt los. Sie käme von einer Eselwanderung im Albtal. Der Lakis steht mit der Speisekart am Tisch. Er hört mit gerunzelter Stirn zu. Ich, erstaunt: „Ja wie? Man reitet auf Eseln?" Sie lache: „Nein! Man geht neben den Tieren her! Wandert quasi mit ihnen!" Ich: „Ach so! Aber – wozu? Ich main, was bringt des?" Die Franzi sagt: „Das ist eine wunderbare Therapie gegen Stress!" Die Lilo ergänzt: „Zur Entschleunigung."

Der Lakis wartet unnerm Schirm. Sie habe die Speisekart garnet uffg'schlage. Stattdesse krame se in ihre Rucksäckle rum. Sie wollte nur was trinke, sage se. „Geht das?" Keine Antwort. Als der Lakis mit versteinertem G'sicht e Flasch Mineralwasser mit zwai Gläser rausbringt, habe die Fraue schon ihren Proviant ausgepackt. Tupperboxe mit Gelberrübe, Vollkornbrot, Tomate, Radiesle, sogar mit Salzstreuer. Ich wünsch ihne neidlos en gute Appetit. Der Lakis lasst sich nimme blicke. Vielleicht weil er jedes Mol nass wird.

Die Fraue verzähle von ihrem Eselwandertag. „Übrigens, drei Ziegen waren auch dabei. Also die waren schon etwas speziell." Sie lache. „Stellen Sie sich vor, so ein Ziegenbock hat die Lilo in voller Absicht ..." Die Franzi verschluckt sich vor Lache. Kann net weiterrede. „Erzähl doch selbst, Lilo!" Die übernimmt. „Der senkt den Kopf. Nimmt Anlauf. Die Franzi ruft noch ‚Pass auf, Lilo!'. Zu spät. Stößt mich der Kerl von hinten um! Ich spür jetzt noch die Hörner am Allerwertesten! Das gibt blaue Flecken." Ich lach mit, sag: „Ziege sin hinnerfotzig!" – „Was bitte? Wie sind die?" Ich überleg kurz, bevor ich übersetz: „Hinnerfotzig? Naja, halt heimtückisch, durchtrieben, boshaft intelligent, gerissen." Sie sollte ruhig merke, dass ich für viele hochdeutsche Wörter nur ein einziges Dialektwort brauch.

Ich hab erfahre, dass es auf der Schwäbischen Alb einen Züchter gibt, der Familienwanderungen mit Lamas und Alpakas anbietet. Des seie besonders sanfte und geduldige Tiere. „Die blicken gleichmütig und gelassen über alles hinweg", hat die Lilo g'sagt, „ideal für Kinder."

Des Gespräch isch mir e bissl über de Kopf g'wachse. So genau wollt ich des net wisse. Dass die zwei Fraue Lehrerkolleginne an einer Grund- und Hauptschul ware, hab ich schon geahnt.

Bevor sie ihre Veschpersache z'ammepacke, soll ich sie noch fotografiere. Die Franzi drückt mir ihr Smartphone in d'Hand. Sie amüsiere sich, weil ich des Ding erscht aus alter Gewohnheit verkehrt rum ans Aug halt, des Suchfenschterle vermiss. Ich hab noch nie mit so'me Ding geknipst. Ich fotografier sowieso nie. Dann hab ich's kapiert. Es wird trotzdem eine längere Aktion. Sie wolle, dass die ganze Atmosphäre in dem Bild rüberkommt, des Regewetter, der Sonneschirm, ihre Stimmung in dem Moment. Sie rücke näher z'amme, lache Kopf an Kopf. Beim Kontrolliere der Bilderserie kommt sich eine immer blöd vor. Mol hat die Franzi grad d'Auge zu, dann guckt die Lilo widder net fröhlich genug. Mit einem Bild sin se dann halbwegs zufriede. Sie bedanke sich bei mir. Die Lilo sagt: „Wir hätten doch den sperrigen Selfie-Stick mitnehmen sollen."

Endlich wolle se bezahle, rufe nach der Bedienung. Ich wink ab. „Lenn Se's! – Lassen Sie es! Des mach ich! Lieber Gott, wege dem Fläschle Sprudel!" Sie winke zurück. Sie habe's nimme weit. Nur zwanzig Fußminute bis zum Neubaugebiet.

Jetzt erscheint der Lakis am Tisch. Der Rege hat nachg'lasse. Er schüttelt de Kopf. „Deutsche Frau verrickt! Bringe Essen mit in Restaurant. Gehe mit die Esel spaziere! Bei uns in Griechenland die Esel muss arbeite!"

Es isch Mitte Oktober. Noch e paar Tag Altweibersommer. Die Sonn schwächelt, wärmt nur noch s' Herz. Auf dene grüne Blechtisch glitzere immer öfter dicke Regetropfe, klebe gelbe und rote Blätter. In de Aschebecher sammelt sich Regewasser, in dem

Zigarettekippe schwimme. Der Retsina schmeckt mir nimme. Des isch en Sommerwein gege de Durscht mit leichte Nebenwirkunge. Ich bin seltener ins Hellas komme. Die Terrassesaison war vorbei.

Eines Tages packt der Yanis sei Rollköfferle. Zum erschte Mol seh ich ihn in'me bunte Freizeithemd und Jeans. Er wirkt völlig verändert, bewegt sich frei und beschwingt. Er lacht sogar laut, klopft mir freundschaftlich uff die Schulter. Mit der flache Hand streicht er e Flugbahn nach obe. Ich versteh. Sein Flieger hebt ab. Der Lakis fahrt ihn nach Stuttgart. Ich fahr mit, weil ich Zeit hab. Und weil ich an Flughäfe immer so e schönes Fernweh krieg, aber zugleich froh bin, dass ich net mitfliege muss. Im Terminal steckt der Lakis seinem Neffe noch ein Bündel Scheine zu. Vielleicht den Betrag, der zur Bewässerungsanlage vom Bruder noch fehlt. Sie umarme sich zum Abschied, jeder mit nasse Auge. Der Lakis sagt zu mir, als müsst er sich entschuldige: „Familie, du verstehst?" Dann packt er den Yanis bei de Schultern. Er schüttelt ihn aufmunternd und sagt in meine Richtung: „Nächste Jahr kommt wieder. Nur muss e bissle Deutsch lerne. Dann prima Kellner!"

Beinah hätt ich mein Abschiedsg'schenk für den Yanis vergesse. Ich geb ihm ein touristisches Wörterbuch Griechisch–Deutsch und umgekehrt. Mit Redewendunge. Auf die leere erschte Seit hab ich eine Art Cartoon gezeichnet: ,Yanis bei der Arbeit'. Ich glaub, ich hab ihn ziemlich gut getroffe. In der Sprechblase steht ,Getrennt oder zusammen?'. Er blättert, zögert en Moment. Dann zieht er mich so eng an sich, dass ich sei Rasierwasser riech. Ich putz mir d'Nas. Net dass ich vor Rührung heule muss. Schließlich g'hör ich net zur Familie.

Heimfahrt. Kaffeepaus in einer Raststätte an der Autobahn. Wir esse ein dreieckiges knatschiges Sandwich mit Thunfisch, Ei, Salatblatt und reichlich Mayonnais. Der Lakis hat für die kommende Saison im Frühjahr neue Sitzgarniture für die Außenbewirtung im Internet bestellt. Er holt sein Laptop aus'm Auto, um mir die Terrassemöbel zu zaige. Dass der Bildschirm net so spiegelt, dunkelt er mit seinem Sakko die Sonn ab. Es ware so moderne Lounge-Möbel. Wuchtige, quadratische Sessel mit hohe Armlehne aus schwarzem Plastikschnur-Geflecht. Die Tischplatte aus getöntem Plexiglas. „Und? – Wie gefällt dir?" Ich sag nur: „Na ja. Halt bequem." Er schlagt des Laptop zu, von meiner Antwort enttäuscht. „Gastronomie muss mit die Zeit gehen! Gäste wollen so!", sagt er.

Zu dem Zeitpunkt hat noch niemand wisse könne, dass die Saison im kommende Jahr ausfallt, bevor se ang'fange hat. Der Lakis hat net wisse könne, dass er lang keinen Kellner mehr braucht. Dass er seine neue Terrassemöbel auf unbestimmte Zeit im Keller unnerstelle muss, wo mei Zitronebäumle verdorrt. Dass er des Schild ‚Dienstag geschlossen' abhänge kann, weil jeden Tag durchgängig zu sei wird. Und wenn mir damals in der Raststätte ein Wahrsager prophezeit hätt, dass ich alle Seite im Terminkalender für 2020 quer durchstreiche könnt, hätt ich ihm 5 Euro in d'Hand gedrückt, damit ich den Spinner los bin.

Corona war im Kreuzworträtsel noch eine mexikanische Biersorte mit sechs Buchstabe. Und Lockdown war noch kein deutsches Wort.

Vogelfrei

Komisch
jetzt wo ich endlich
frei bin wie en Vogel
flieg ich net

jetzt wo ich endlich
mache könnt
was ich will
steh ich nur rum
un waiß net
was ich mache soll

du fehl'sch mir doch
ich waiß nur net
schon widder?
oder immer noch?

In'me lichte Moment

,Nackt kommt mer zur Welt
nackt geht mer am End'
,Des letschte Hemd
hat kaine Tasche'
,Mer kann doch net mehr
als trinke un esse'

hör ich d'Leut sage
in'me lichte Moment
den se sofort widder vergesse

des Lebe spielt im Transit-Areal
alle hocke in dem große Wartesaal
jeder wollt gern länger bleibe
besonders die Besserverdiener
die könne sich ihr Wartezeit
e bissl schöner vertreibe

aber ob Malocher bei de Müllabfuhr
oder Konzernchef stinkreich
wenn ihr Zügle kommt
in Richtung Niemandsland
in der Drehtür zum Exit
sin alle genau gleich
jeder muss weg
verliert sich im Dunkel
als Schatte ohne Gepäck

ich wunder mich oft
in'me lichte Moment
über die graue Rentnerschlang
die freitags vor'm Kiosk steht
mit Lottozettel in de Händ
wie kann mer uff de letschte Drücker
noch nach dem Euro-Jackpot schiele?
statt stillvergnügt beim Wein zu sitze
oder Boule zu spiele
was könnte die mit dem Geld noch mache?

mer muss verrückt sei
wenn mer die Welt versteht

jeder guckt
wo er bleibt
bevor er geht.

Ergebnisoffe

Oh, lass mich jetzt
grad e bissl in Ruh
sieh'sch net
dass ich denk?
hör'sch net
dass ich nix sag?

schwätz mir net nei
ich bin im Moment
net im Modus ‚stand by'
null Empfang
ich diskutier mit mir
muss ab und zu sei

merk dir
was du sage wollt'sch
mach was anneres solang

geh von mir aus spaziere
bei dem schöne Wetter
am Bach entlang
oder um de Baggersee
brauch'sch net pressiere
lass dir Zeit
bei mir könnt's länger geh

ich denk heut ergebnisoffe
was dabei rauskommt
kann ich Stand jetzt

noch net wisse
es isch alles drin
ich kann nur hoffe
es isch in dei'm Sinn

aber des sag ich dir
wenn ich mit Denke
fertig bin.

Netter Obend

Soll net doch ich fahre?

Ach was!

Guck, sie winke uns noch!

Wink halt zurück! Ich muss ausparke.

Sieh'sch, erscht wollt'sch net mit. Jetzt war der Obend
bei Machauers doch ganz nett.

Ja, für die vielleicht! Dene hat's g'falle, klar.

Wie main'sch denn des jetzt?

Ha'sch des net g'merkt? Die wollte uns doch nur ihr
tolles Ambiente vorführe! Ihren Lifestyle!

Ach komm! Schwätz doch net!

Herrgott, der Motor zieht net richtig! Wieso piepst
des jetzt?

Bi'sch a'gschnallt?

Mach halt d'Handbrems uff! – Soll net besser ich
fahre? Komm, ich fahr, Rolf.

Nix! Bleib hocke! Hinzu's du, haimzu's ich! So war
des ausg'macht. Ausnahmsweis. Dass du a mol
was trinke kann'sch.

Also ich hab mich extra zurückg'halte. Weil mir klar
war, dass du dich net an die Abmachung halt'sch.

Jetzt geht's aber los! Zu dem Krebszeug hab ich e
Gläsle Sekt getrunke. Des war ziemlich alles.

Übrigens, des Krebszeug ware Garnele. Und der Sekt
Champagner.

Von mir aus! Des isch sowieso net mei Sach.

Aber Rotwein, gell! Beim Hauptgang ha'sch du min-
deschtens zwai Gläser getrunke!

Ach was! Wenn du schon guck'sch was ich trink, dann
    guck richtig! Des ware jedes Mol zwai Fingerhütle
    voll. Nur zum Probiere.

Aber du ha'sch öfter probiert!

Was kann ich defür, wenn mir der Machauer laufend
    nachschenkt? Ich hab mei Hand übers Glas g'halte
    – „Danke, für mich nimme!"

Aber dann ha'sch dei Hand schnell weggezoge!

Ja soll ich mir den Wein über d'Finger leere lasse? Am
    End die Tischdeck noch versaue?

Komm, lasse mer's, Rolf!

Also den Grappa zum Espresso hab ich eisern abg'lehnt,
    obwohl, den hätt ich gern probiert. Ein feiner Stoff!
    Moscato. Ganz waich uff de Zung.

Woher wai'sch des, wenn du den net getrunke ha'sch?

Des typische Bouquet riecht mer schon aus'm Glas.

Komisch, beim Abschied war dei Glas aber leer.

Des kann net sei, Käthe!

Doch! Aber gut, vielleicht hasch's leer g'roche.

Schwätz doch net!

Oder der Machauer, der Albin, hat dir den Schnaps weg-
    getrunke. Als besorgter Gaschtgeber. Hat Angscht
    g'habt, dass du noch fahre will'sch.

Sag mol, mu'sch du immer s'letschte Wort habe?

Fahr bitte weiter rechts, Rolf! Mir sin net in England!

So vielleicht? Rechts genug jetzt?

Halt! Bi'sch du verrückt? Die Leitplanke!

Entspann dich, Käthe! War Absicht! Horch, ich fahr
    jetzt seit ...

Jaja, ich waiß! Die alte Leier. Seit 40 Jahr unfallfrei!

Richtig! Aber so präzis könnt ich trotzdem net fahre,
    wenn ich zu viel intus hätt!

S'isch gut. Fahr. Aber denk dra, an der Kreuzung isch rechts vor links!

Danke für den Hinweis. Wenn ich dich net hätt, Käthe!

Lass bitte deine Händ am Lenkrad! Fahr doch net so schnell!

Was will'sch denn? Die Straß isch doch schnurgrad!

Die geht aber durch e Waldstück. Wildwechsel! Ich glaub beim Rotwild isch grad Brunftzeit.

Ja und?

Do renne die Viecher, die männliche, kopflos über d'Straß.

Also gut. Tempomat, guck! Genau 90. Kann ich vorher bremse. Ich will doch so'n Hirsch net um sei Vergnüge bringe! Zufriede?

Also die habe sich doch jetzt über unsern Besuch so richtig g'freut, oder?

Ja. Besonders wenn mer g'sagt habe, dass mer's gern so schön hätte, wie sie's habe. Dann habe die g'strahlt vor Freud.

Die Hausbesichtigung war doch int'ressant, find'sch net?

Doch. Ich hab g'seh, was mer alles net braucht.

Du, die große Küch mit dem Mittelherd. Sowas hab ich mir immer vorg'stellt.

Mittelherd! Will'sch beim Koche drumrum springe?

Quatsch! Darum geht's doch net.

Horch, sowas braucht mer in der Gastronomie. Wo in Stoßzeite vier Köch am Herd schaffe. Gibt's bei uns Stoßzeite?

Des net. Aber so e Küch hat was Geselliges. Beim Koche kann mer sich mit seine Gäscht unnerhalte.

Des wollt'sch du? Dass die dir nei'schwätze?

Ach was! Also die Küche war ideal in den Wohnbereich integriert.

Kann'sch du habe – ein Handgriff! Ich kann dir ai'fach unser Küchetür aushänge!

Komm, jetzt wer net blöd!

D'Küch im Wohnzimmer! Wozu denn? Versteh ich net.

Des schafft – wie soll ich sage? Eine ,konviviale' Atmosphäre.

Was? Was? Konvivial? Was soll des sei? Wo ha'sch denn des Wort uffg'schnappt?

Im Briefkaschte war so'n Flyer. Werbung für ,Dinner in White'.

Des sin doch Fürz! Alle hocke in weiße Klamotte irgendwo in de Stadt rum. Esse vorgekochtes Zeug von dehaim. Was soll des?

Die Mensche solle sich kennelerne. Sich beim Esse näherkomme.

Ich kenn schon genug Leut! De maischte will ich net näherkomme!

Des isch doch kai Ei'stellung!

Des muss mer sich mol vorstelle …

Fahr doch net so verrückt!

Die schleppe des ganze Geraffel von dehaim mit! Kühltasche für de Schampus, Wärmebehälter, Klappstühl, Porzellanteller, sogar Kerzeleuchter. Des isch doch hirnrissig!

Des versteh'sch du net. Es soll halt e bissl stilvoll sei.

Alles weiß! Wo mer jeden Flecke sieht. Weiße Tischdecke. Sogar die Männer laufe mit weiße Schuh rum!

Des sieht doch irgendwie elegant sommerlich aus.

Ja, arg elegant! Wie Stationsärzt im Krankehaus!

Für sowas ha'sch du ai'fach kain Sinn, Rolf. Die Atmosphäre müsst mer halt mol erlebe.

So weit kommt's noch! Beim Esse fiedelt en Stehgeiger. Sowas kann ich sowieso net leide. Wenn's dunkel wird, were Wunderkerze g'schwenkt.

Du schwätz'sch, als wär'sch mol debei g'wese.

Um Gott's Wille! Aber vom Fenschter aus hab ich so'n komische Event mol beobachtet. Uff'm Marktplatz sin se g'hockt.

Hoffentlich hat dich niemand gucke g'seh! Wär peinlich.

Ach was! Durch d'Gardine hab ich's mitkriegt.

Ha'sch wenigschtes des Licht im Wohnzimmer ausg'macht?

Net nötig. Um zehn war der Spuk vorbei. In der Dämmerung hab ich zugeguckt, wie se die Essensreschte in Tupperschüssle scherre.

Die dürfe wahrscheinlich net länger wege de Polizei.

Ach woher! Die ware hundsmüd! Un dehaim habe die noch des G'schirr spüle und die Küch putze müsse!

Immerhin, der Erlös von dem Event isch für en gute Zweck!

Do spend ich lieber was un ess g'mütlich dehaim!

Brauch ich dich also gar net frage, ob du mol zu so'me Dinner in White mitgehe wollt'sch?

So weit kommt's noch! Wie komm'sch denn uff die Idee?

Ach, die Frau Machauer, die Eleonore, hat des vorg'schlage. Die sin jedes Jahr dabei.

Des sieht dene ähnlich! Bei dem Benefiz-Camping für
  Großkopfete dürfe die net fehle.
Achtung! Guck uff dei Straß!

Warum schwätz'sch nix? Bi'sch verschrocke?
Ich denk grad an den begehbare Klaiderschrank von
  Machauers. Ha'sch g'seh, was die Frau Schuh hat?
Ich guck bei de Leut net in d'Schränk!
Du, vierzich Paar lange net! Alle übersichtlich im
  Regal. Mit einem Griff hat die Eleonore die pas-
  sende Schuh.
Du mu'sch a net grad barfuß rumlaufe!
Mit so'me Umkleidezimmer hätt mer Ordnung in
  de Wohnung. Deine Sache links, rechts meine.
  Großer Spiegel in der Mitte. Könnte mer net unser
  Gäschtezimmer …?
Ja, könnte mer! Dann stelle mer noch so'n Schuhputz-
  automat nei. Wie im Hotel. Des habe Machauers
  net!
Du, des wär keine schlechte Idee.
Des Zimmer bleibt wie's isch, Käthe!
Aber des benütze mer doch nimme. Wann habe mir
  mol Gäscht, die über Nacht bleibe? Die wolle haim
  in ihr Bett.
Gott sei Dank! – Was jammer'sch denn jetzt so rum?
Bin ich froh, wenn ich die Schuh von de Füß krieg!
  Die drücke.
Zieh se doch aus.
Ich brauch dringend bequeme Laufschuh.
Laufschuh? Gibt's denn a annere? Schuh sin immer
  zum Laufe!
Aber die net, guck!

Ich muss fahre! – Mir ein Rätsel, wie mer mit solche
Absätz laufe kann!

Ebe! Des geht nämlich net. Weil des Ausgehschuh sin!
Bequem müsse die net sei. Vorne nur die Riemele.
Sieh'sch des?

Ja. Aber bitte nemm dei Füß runner! Ich brauch freie
Sicht!

So. Deshalb brauch ich Laufschuh mit Keilabsatz!

Jesses, Weiber un kai End!

Vom Gas runner, Rolf! Durch den Ort Tempo dreißig!
Zu spät! Es hat geblitzt!

Scheiße! Hätt'sch des net früher sage könne?

Jetzt bin ich widder schuld.

Ha, wer denn sonscht? Mit deine blöde Schuh! – Ob
des Punkte in Flensburg gibt? Wie schnell bin ich
denn g'fahre?

Woher soll ich des wisse? Jedenfalls zu schnell. Mit
einer saftige Verwarnung müsse mer rechne.

Herrgott, des hätt jetzt net sei müsse!

Jetzt ärger dich net, Rolf. Dafür ware mer ei'glade. Im
Lokal wär's teuerer g'wese.

Du ha'sch Nerve!

Hör zu, wenn du den Strafzettel abzieh'sch von dem,
was mer durch die Ei'ladung g'spart habe, komme
mer immer noch gut weg.

So g'seh ha'sch vielleicht recht. Obwohl ...

Was obwohl?

Dehaim wär's noch billiger g'wese. Der große Blume-
strauß, den du für die Eleonore besorgt ha'sch, hat
scho gut nei'ghaue. War e bissl übertriebe.

So einer Frau kann mer doch net fünf Nelke über-
reiche. Wie von de Tankstell.

Aber arg g'freut hat die sich net. Die hätt wenigschtens sage könne, des sei doch net nötig g'wese.
Oder sowas.

Hätt die dir um de Hals falle solle?

Um Gotts Wille! Als Frau wär die net mein Fall.

Also ich wär schon mit'me Feldsträußle von dir
zufriede. Wie lang isch des her, dass du mir ...?

Jaja, ich waiß! Jetzt komm mir doch net damit, Käthe.

Du, die Ortschaft isch vorbei! Will'sch jetzt bis dehaim
dreißig fahre? – Sei vernünftig, Rolf! Lass mich
fahre!

Nix! Warum denn?

Ich hab Sodbrenne. Scheint's von dem süße Zeug am
Schluss.

Des Tiramisu war sensationell. So gut hab ich des noch
nie irgendwo g'esse.

Sodbrenne kriegt mer trotzdem.

Übrigens, der Albin hat mit Freunde z'amme en
Kochkurs bei einem Sternekoch g'macht.

Des däd mir grad noch ei'falle!

Seitdem bekoche die sich reihum einmal im Monat.
Die Fraue habe in de Küch nix verlore. Die dürfe
nur mitesse.

Verkehrte Welt. Aber gut, wenn mer sonscht nix zu
schaffe hat!

Bei dem Menü war jeder Gang perfekt. Der Lammbrate,
ein Gedicht! Inne rosa, genau uff de Punkt. Also
so ein Bratenthermometer muss her!

Dass noch mehr Kruscht rumliegt! Außerdem brauch
ich kaine sechs Gäng. Vor allem net, wenn ich vom
letschte Sodbrenne krieg.

Des war halt mol was Besonderes. Dann die schön
gedeckte Tafel. Nach der Saison dekoriert. Weinblätter, Kaschtanie. Fallt dir sowas net uff?

Doch! Vor allem die komische Dinger nebe de Teller!

Des ware Messerbänkle. Dort legt mer die benutzte
Messer ab. Dass die Tischdeck net verfleckt wird.
Des hat früher zur Tischkultur g'hört.

Aber ich ess heut, net früher! Wer braucht denn sowas?

Des nemme die a net jeden Tag. Wenn mer sei Messer
regelmäßig abschleckt, braucht mer des natürlich
nie!

Was guck'sch zu mir rüber? – Jetzt geht's aber los!
Mach ich des vielleicht?

Heut Obend net. Aber dehaim. Wenn dir was besonders
schmeckt. Oder wenn ...

Wenn dich des stört, dann sag halt was!

Schon gut, Rolf. Ich hab mich dran g'wöhnt. Ich freu
mich doch, wenn's dir schmeckt!

Also. Dann isch's doch in Ordnung.

Ich hab nur manchmal Angscht, du schneid'sch dir
in d'Zung.

Ach was! – Herrgott, dann kauf halt so e Messerbänkle! Für deinen Mann, den unzivilisierte Wilde!

Bi'sch du jetzt belaidigt? Du fahr'sch beinah Schlan-
gelinie, Rolf! Halt bitte irgendwo. Lass mich ans
Steuer!

Nix! Ich kann do nirgends halte. Es isch nimme weit.
Nach dem Navi noch zwanzig Minute bis dehaim.

Am Montag guck ich nach solche silberne Serviette-
ring. Die sehe edel aus. Bei solche Leut kriegt mer
doch manchmal eine schöne Anregung.

Halb zwölf. Der Obend isch schneller rumg'ange, als
ich befürchtet hab.

Du ha'sch dich mit dem Machauer doch ganz gut
unnerhalte. Jedenfalls wart ihr schnell beim Du.

Der hat's mir angebote. Was hätt ich mache solle? –
Wie kann mer nur Albin haiße?

Immerhin origineller als Rolf.

Aber von wege gut unnerhalte! Ich hab halt zug'hört.

Was lach'sch jetzt so boshaft in dich nei?

Ich hab mich extra dumm g'stellt. Des hat den g'freut.
Dann hat er lange Vorträg g'halte.

Über was zun Beispiel?

Ich waiß jetzt alles über Trüffel. Nur weil ich wisse
wollt, was des für schwarze Bröckele in de Nudle
sin.

Des hab ich mit'kriegt. Ich hab mich noch g'wundert.
Weil ich waiß, dass du des wai'sch.

Oder du, der Rundgang durch den Garte. Mir ware noch
per Sie. Ich glaub, du war'sch mit der Machauern
im Haus.

Kann sei. Egal, was weiter?

Er zaigt mir den Koi-Teich mit Seerose. Ganz stolz.
Die Koi seie ein Hobby von ihm. Von einem Züchter aus Japan. – Du, solche Brocke von Zierkarpfe!

Rolf, lass bitte dei Händ am Lenkrad!

Er hat mir alles über die Fische erklärt. Der war ganz
in sei'm Element. War ziemlich int'ressant.

Was lach'sch denn so? Krieg dich widder!

Pass uff! Am Schluss hab ich ihn g'frogt, ob mer
die Fische auch esse könnt. – Käthe, sei G'sicht
hätt'sch sehe müsse!

Ach Gott, wie peinlich! Des war richtig fies von dir!
Wai'sch was er g'sagt hat?

Sei still! Ich will's gar net wisse!

„Für 1000 Euro", hat er g'sagt, „könnte ich Ihnen den
mit dem roten, kreisrunden Rückenfleck auf den
Webergrill legen. Aber nur sehr ungern." Dreht
sich um. Fort war er.

Wundert dich des? Zum Glück war ich net debei. Ich
wär im Erdbode versunke!

Wieso? Die Frage isch doch net so abwegig! Warum
sollt mer so'n Zierkarpfe net esse könne? Dann
hat er halt ausgeziert!

Ach komm, Rolf! Der muss dich doch für en Prolet
halte. Des fallt doch uff mich zurück!

Horch, Käthe. Es isch doch so: Die Machauers brauche
ab und zu so Gäscht wie uns. Leut, die noch über
was staune könne. Stell dir mol vor ...

Ich stell mir im Moment nur vor, mir wäre endlich
dehaim!

Wenn die Machauers nur ihresgleiche ei'lade könnte.
Dene wär doch alles net neu. Weil die selber alles
schon hätte. Was wollte die dene noch zaige? Oder
lifestylemäßig vorführe?

Bi'sch fertig mit dei'm tiefsinnige Monolog?

Ich sag dir, die brauche uns als dankbares Publikum!

Aber deshalb muss mer net de Prolo raushänge! Hin-
nerfotzige Frage stelle!

Also bitte! Hätt mir der Albin vielleicht das Du angebote, wenn der mich für en Prolet g'halte hätt?

Des hat nix zu sage. Prolete duzt mer besser. Vorsichtshalber.

Wie main'sch des jetzt?

Weil mer dann ai'facher mit solche Leut g'schirre kann.

Schwätz doch net!

Warum fahr'sch denn jetzt so langsam?

Ich guck nach'me Platz zum Halte!

Warnblinker? Was mit'm Motor?

Ich muss ganz dringend pinkle!

Kann'sch des net verhebe bis dehaim? Mir sin doch glei do!

Geht net! Herrgott, ich halt's nimme aus!

So schlimm? – Guck dort! E Parkbucht! Fahr nei!

Der scheiß Gurt!

Stolper net drüber! Auf, spring in de Wald! Männer habe's halt ai'fach.

Ah, jetzt isch's mir leichter. Des war knapp. Sogar beinah e bissl zu spät. – Sag mol, will'sch du jetzt fahre?

Ja! Wie du sieh'sch hab ich de Sitz g'wechselt. Steig ei!

Gut. Des kurze Stück wir'sch …

Jesses, Rolf! Net rumdrehe!

Was isch denn?

Hinner uns. Polizei! Im Rückspiegel.

Vielleicht fahre se vorbei.

Sie biege hinner uns ei. Zwei komme her.

Des hat uns heut grad noch g'fehlt!

Rolf, du sag'sch jetzt keinen Ton! Halt dich ganz raus, ich mach alles! Du bi'sch betrunke. Du bi'sch keinen Meter g'fahre, kapiert?

Ja, ich bin doch net blöd. Lass d'Scheib runner!

Guten Obend. Fahrzeugkontrolle. – Brauche Sie Hilfe?

Nein, danke. Alles in Ordnung.

Dann mache Se mal den Warnblinker aus.

Jawoll!

Wagenpapiere. Führerschein.

Mooment. In meiner Handtasch. Rolf, der Kfz-Schein?

Wart. – Da!

Hier, bitte.

Warum stehe Sie im Nothalt? Im Wald. Nachts.

Meinem Mann war's plötzlich schlecht. Er hat breche... er musste sich übergeben.

Habe Sie was getrunke?

Nein. Nur Mineralwasser.

Im Wagen riecht es aber deutlich nach Alkohol.

Des isch mein Mann. Deshalb bin ich g'fahre. Er
hat ...

Wir mache des immer so: Wir ziehe Streichhölzer. Wer
des kürzere zieht, muss haimzu's fahre. Der muss
nüchtern bleibe. Do gibt's nix! Heut ...

Rolf, des int'ressiert doch die Beamte net!

Heut bin ich noch keinen Meter g'fahre.

Rolf, es isch jo gut!

Wäre Sie mit einem Alkoholtest einverstanden?

Wenn's sei muss. Warum net.

Net Sie! Es geht um Ihre Frau! Steige Sie mol aus.

Jawoll! Gern.

So. Fescht in des Mundstück blose. Stärker! Do geht
mehr!

Mei Frau hat eine Teilprothese! Die lockert sich beim
Blose!

Rolf, bitte! – Entschuldigung. Des isch mir jetzt peinlich.

Des kriege mer schon. Nochmol, mit Druck! Solang, bis es piepst.

Stopp! Gut.

Guck, hinne. Wie er mit der Taschenlamp rumfunzelt. Kann er lang gucke. Mensch, habe mir ein Glück! Des mit meine Zähn hätt'sch net grad sage müsse. Pscht! Er kommt!

In Ordnung. Ihre Papiere. Gute Fahrt!

Null Promille, gell? Hätt ich Ihne glei sage könne! Enttäuscht jetzt?

Was? – Bringe Se Ihren Mann gut haim.

Endlich dehaim! In unserem g'mütliche Ambiente.

Ich bin nur froh, dass ich die enge Schuh los bin! Jetzt en doppelte Cognac! Trink'sch ai'n mit? Für mich lieber en Ramazotti.

Gern. Alles do! So e Hausbar mit verspiegelter Rückwand isch halt e Sach! Des hab ich bei Machauers vermisst!

Sowas hat mer heut a nimme! Wer kauft denn noch so eine altdeutsche Schrankwand?

Guck, durch den Spiegel hinne sieht die Bar immer voll aus. Für mich isch sowas zeitlos modern!

Halt! Net so voll ei'schenke!

Was zitter'sch denn so?

Du bi'sch gut! Der Fahrerwechsel steckt mir immer noch in de Knoche.

Supf halt e bissl ab. Prost, Käthe! Hab ich den besoffene Beifahrer net super g'spielt?

So arg verstelle ha'sch dich jo net müsse!

Jetzt aber! Bin ich bis zu der Kontroll net einwandfrei
g'fahre?

Lasse mer's, Rolf! Schwamm drüber!

Egal. Ende gut, alles gut! Wenn ich jetzt so überleg,
war's doch en ganz netter Obend.

Ach, jetzt plötzlich?

Na ja, im Grund war dieser Albin net aus'm Weg. Er
hört sich halt gern schwätze.

Habt ihr do vielleicht was Gemeinsames?

Was? – Du, des will ich überhört habe! Ich krieg mit
dir heut kain Krach. Den Albin könnt ich net lang
vertrage.

Also ich hab mich mit seiner Eleonore blendend
unnerhalte. Eine interessante Frau! Was die alles
macht! Malt tolle Bilder mit Acryl. Isch sozial engagiert bei …

Die hat jo en Haufe Zeit! Putzfrau, Zugehfrau, alles.
Mir isch die irgendwie zugeknöpft vorkomme.
Beinah sogar e bissl arrogant.

Überhaupt net! Des kommt vielleicht so rüber. Die isch
nur am Anfang etwas zurückhaltend. Aber dann
wird die locker. Die kann richtig lache.

Ich hab's mal g'hört. Es hat für mich geklunge wie
aus'm Dosierspender! Bleib doch sitze! Was ha'sch
denn vor?

Ich geh ins Bad. Mich abschminke.

Ach jetzt komm! Mir g'fall'sch doch auch so! Den
Obend sollte mer doch g'mütlich ausklinge lasse!

Lauf mir bitte net hinnerher wie so e Hundle. Du
wai'sch genau, dass ich im Bad gern für mich bin!

Horch, Käthe. Die Bekanntschaft mit dene Machauers müsse mer aber net unbedingt vertiefe. Des isch net unser Welt!

Lieber Gott, des treibt dich jetzt um? Mir ware bei dene Leut ei'glade. Wurde herzlich empfange und hervorragend bewirtet! In unserer Welt sin mer oft g'nug! Jetzt mach bitte die Tür zu!

Nur noch des, Käthe. Durch de Türspalt. – Ich kann mir net helfe, aber bei dene Leut kommt die Herzenswärme e bissl von der Fußbodehaizung.

Wollt'sch du nochmol jung sei?

Früher, ach früher
des war e schöne Zeit!

hör ich die alte Männer sage
sie lege ihre Runzelg'sichter
in wehmütige Erinnerungsfalte
uff ihrem Parkbänkle im Schatte
weil se die Sonn nimme vertrage

Schul isch aus
junges Volk zieht vorbei
futtert Pizza aus de Schachtel
sie umdribble sich beim Renne
kicke e Cola-Büchs
mitte ins Tulpebeet

die Alte schüttle ihre graue Köpf
Herrgott, des muss doch net sei!
wo überall en Abfallkorb steht
,Haltet die Anlagen sauber'
könne die Rotzlöffel net lese?
wer entsorgt jetzt die Büchs?
es g'hört was g'sagt

sie sage lieber nix
die hätte nur e freche Gosch
kein Reschpekt mehr

vor ältere Leut
früher, zu ihrer Zeit
wär des annerscht g'wese!

zwei Verliebte bleibe stehe
eng umschlunge, weltvergesse
bei ihrem Bänkle in der Nähe
die schmuse völlig ungeniert
schlupfe schiergar in sich nei

die Alte gucke halber weg
grad so, dass se was sehe
sie bruddle rum
schimpfe halb laut

lass die mol fuffzehn sei!
wo hat denn der Kerl sei Händ?
des hätt mer sich früher
doch im Lebe net getraut
vor alle Leut!

damals sei die Liebe
noch romantischer g'wese
es ging net so schnell
mer hätt lang warte müsse
bis was entsteht – also sexuell
aber die Vorfreud
sei grad des Schöne g'wese!
die isch doch vorbei
wenn mer alles schon hat!
die Junge wüsste heut gar net
was ihne ohne die Vorfreud entgeht!

was soll für die
später noch Neues komme
wenn die alles schon kenne?

die Junge lache in d'Sonn
greife dem Lebe unner de Rock
für die geht's grad los

die alte Männer hocke immer noch
uff ihrem Schattebänkle
Watte im Ohr
die Zitterhänd am Stock
für die isch's beinah vorbei

wollt'sch du heut
nochmal jung sei?
lüge sie notgedrunge
um Gottes Wille
also ich net!

Die Katz von de
Frau Bachmann

Ich hab ihr die schwere Glastür zum Drogeriemarkt uffg'halte. Dass se ihren Rollator net loslasse muss. „Nur net huddle, Frau Bachmann. Sie habe doch Zeit."

Ich seh die verheulte Äugle in ihrem Runzelg'sicht. „Was isch mit Ihne? Habe Sie Kummer? Was passiert?" Ich geh noch e Stück nebe ihr her. Mit der rechte Hand führ ich des Gehwägele. Sicherheitshalber. Der Bode glänzt noch nass. Gelbe Warnständer ‚Frisch geputzt. Vorsicht Rutschgefahr!' Sie schwätzt net mit mir. Sie schüttelt nur immer verzweifelt de Kopf. „Ach Gott, so e Elend! Womit hab ich des verdient?" Ich lenk ihr Wägele aus dem Durchgangsbetrieb, stell mich vor sie. „Was verdient, Frau Bachmann? Wolle Sie mir net sage, was Sie bedrückt? Dann geht's Ihne vielleicht besser."

Um sie zu beruhige, leg ich mei Hand uff ihr magere Schulter. Ich spür jedes Knöchele. „Also, was habe Sie denn?" Ich lass ihr Zeit. Sie schluchzt heftiger. Mit zittrige Finger deutet sie zu dem Netz vorne am Rollator. Dort in ihrer Tasch müsste Tempo sei. Es geht ihr net schnell genug. Sie beugt sich vor, um selber zu suche. Der Wage rollt ihr weg. Ich kann rechtzeitig zupacke. „Net, Frau Bachmann! Lasse Se bitte die Händ am Griff! Ich guck doch schon!"

Ich wühl zwische Dose mit Katzefutter, les laut die Etikette vor. „Hühnerfrikasse, Kaninchen, Thunfisch, sogar Wildragout! Do wird sich Ihr Kätzle dehaim aber freue!"

Jetzt kann sie die Träne nimme zurückhalte. Ich kann ihr des Papiertüchle grad noch rechtzeitig zurechtschüttle un rüberstrecke. Sie heult los. Ich versteh nur, dass sie des Katzefutter zurückbringe will. „Ja warum denn, Frau Bachmann?" – „Weil mei Mohrle... mei Mohrle braucht's nimme!", brecht es aus ihr raus. Passante bleibe steh, gucke her. Ich wink zum Weitergeh.

Die Frau Bachmann schreit mir ins G'sicht, als sei ich an was Schuld. „Jesses, es kommt alles z'amme! Vor'me halbe Johr stirbt mir mein Mann, jetzt überfahre die mir mei Katz!"

Ich geh mit ihr zur Kassezeile von der Drogerie. Hochbetrieb. Die Kassiererin, eine junge Frau mit südländischem Aussehe, war trotz langer Warteschlang freundlich, sogar mitfühlend. Ohne Kassezettel könnt sie Ware leider nicht zurücknemme. Ich hab mich eing'schaltet. „Die Dame will die Dose nur abgebe, verstehe Sie? Es geht ihr net um die Rückerstattung vom Kaufpreis! Gell, Frau Bachmann?" Sie nickt erscht. Dann sagt se: „Brauche könnt ich des Geld. Bei der Rente von meinem Erich. Ich spar mir des Futter vom Mund ab. Aber des hab ich gern g'macht." Es komme ihr widder die Träne. „Es war so e liebes Tierle!" In der Schlang wird's laut. „Wo klemmt's denn do vorne?" Einer schimpft: „Herrgottnochmol, de Teufel hat's g'seh! Egal an welcher Kass ich steh, bei mir dauert's immer am längschte!" Von hinne krächzt en Rentner: „Weil alle heut maine, sie müsste jeden Scheißdreck mit Karte bezahle! Von wege des ging schneller!" Allgemeine Zustimmung. „Genau! Dann vertippe se sich bei ihrem Pin! Oder ihr Konto isch leer!" En Handwerker im farbverschmierte Overall streckt e Colaflasch hoch. „In zwanzig Minute isch mei Paus rum!"

Mir isch die Situation peinlich. Im Grund hab ich doch gar nix mit der Sach zu schaffe. Die Frau Bachmann kenn ich doch bloß vom Sehe. Wie viele Leut in dem Städtle. Ich hab ihr aus Höflichkeit und Hilfsbereitschaft die Tür uffg'halte. Des war alles. Ich könnt aigentlich geh.

Des arme Mädle mit dem Schild ‚Frau Gonzalez‘ am Kuttekrage wird immer nervöser. Sie bemüht sich verzweifelt. Sie streicht sogar der Frau Bachmann noch flüchtig über de Arm. „Bitte verstehe Sie doch! Ich kann des Futter ohne Kassebon net storniere. Wenn ich e Katz hätt, würd ich des Futter abkaufe." Sie hat schon die Ware vom nächschte Kunde über den Scanner gezoge. Sie hat uns noch hinnerher g'rufe: „Gebe Se doch die Dose als Futterspende beim Tierheim ab!" Ich dreh mich um. „Danke, gute Idee! Des mache mer! Oder, Frau Bachmann?" Die reagiert net. Sie müsst sich jetzt erscht mol setze. Ihr Rücke.

Wir sitze uff'me Bänkle im Schatte von Platane. Ich rauch e Zigarett. „Wo isch denn Ihr Mohrle jetzt?" Sie schnieft. „Im Bad uff'me Handtuch." Der Tierarzt hätt' ihn ei'schläfere müsse. Innere Verletzunge. Sie hätt schon mit'm Friedhofsamt telefoniert. Ob mer des Kätzle net zu ihrem Erich ins Grab lege könnt. „Wisse Sie, was der g'sagt hat?" – „Was?" – „Die Beisetzung von Tierkadavern ist auf dem Friedhof nicht gestattet." Dafür sei die Tierkörperverwertung zuständig. Die Abdeckerei in Hagsfeld. Sie heult widder, zieht des Päckle Tempo aus ihrem Ärmel. „Der herzlose Mensch! Abdeckerei!" Ich zuck mit de Schultern. Der Mann hätt halt seine Vorschrifte. Ich schiel zu ihr rüber. Sie strafft sich, wird plötzlich energisch. „Des Mohrle hat mir so viel Freud g'macht. Des soll ordentlich beerdigt were!" Ich tret mei Zigarett aus. „Des versteh ich. Aber was mache mer denn jetzt mit dem Tierle?" Des Wort ,Kadaver' hab ich vermiede.

Mir geht durch de Kopf, was ich heut alles besorge wollt. Ich krieg en Zorn uff mich selber. Was geht mich die Katz von der Frau Bachmann a? Theoretisch könnt ich mich jetzt von der Frau verabschiede. Dann wär ich aus der Nummer raus. Aber praktisch, also als Mensch, geht des net. Mer will doch obends in de Spiegel gucke könne. Ich kann doch die Frau net so hocke lasse, ratlos un verzweifelt.

Ich geb mir en Ruck. „Vorschlag, Frau Bachmann! Ich fahr des Katzefutter zum Tierheim. In Ordnung?" Sie nickt. „Dann muss ich e bissl was erledige. Gege Obend, wenn's noch hell isch, komm ich bei Ihne vorbei. Soweit ich waiß, habe Sie doch en klaine Garte beim Haus, oder?" – „Ja, bissl verwildert. Mein Mann hat den immer g'macht. Solang er noch g'sund war. Aber ich kann des nimme." – „Wisse Sie was?" Ich schlag ihr bei jedem Wort leicht uff die knochige Hand. „Dort beerdige mer Ihr Mohrle wie sich des g'hört!" Sie dreht sich überrascht zu mir her. „Des däde Sie wirklich mache?" Beim Uffsteh sag ich: „Versproche!"

Am Obend hat sie schon uff mich g'wartet. „Gott sei Dank, Sie komme doch noch!" Sie wackelt mir am Rollator voraus in e altdeutsches Wohnzimmer. Es riecht muffig. Schwere Kaufhausmöbel. Schrankwand mit Zinnbecher, allerhand Nippes. Bücher vom Bertelsmann Buchclub, des Bambi von der Majolika. Uff'm Fernseher die Tonfigur von de Affe. Ein mächtiger Fernsehsessel zum Ausklappe. Danebe eine Stehlamp mit Goldkordel. Viel Plüsch und Brokat. Jede Menge Erinnerungsfotos. Urlaubsbilder von Wanderunge im Gebirge, Enkel beim Sandle. Uff'me goldbestickte Zierdeckle e Bild von ihrem Mann mit Trauerbändle. Er lacht, ein Glas Wein in de Hand. Sie sagt, sie hätt ihn gepflegt bis zum Schluss. Krebs. Es sei schlimm g'wese.

Uff dem Marmortisch steht ein großer Schuhkarton, mit rotem Wollstoff ausgepolschtert. Drin des Mohrle. Schönes Tier. Ganz schwarz mit weiße Pfötle. Ohne sichtbare Verletzunge. Nur rote Zähn. Blut im Maul. Sechzehn Jahre lang sei des Mohrle um sie g'wese. Ich sag: „Ein erfülltes Lebe für e Katz."

Es dämmert schon. Ich sag: „Wie sieht's aus? Wolle mer, Frau Bachmann?" Sie holt en Spate aus'me Geräteschuppe. Den Platz unner'me Holunderbäumle hat se schon vorher rausg'sucht. Ich stech e rechteckige Grub aus dem Rase. Von'me Gartestuhl aus guckt sie mir zu, ein rotes Grablicht mit Messingdeckel uff'm Schoß. Ich leg den Karton behutsam in des flache Loch, mach de Deckel druff. Dann schaufel ich Erde drüber. Erscht wollt ich den klaine Hügel mit de Füß feschtstampfe. Dann nemm ich doch meine Händ. Aus Pietät. Des Kerzle im Grablicht wird vom Wind immer widder ausgeblose. Mein Zippo-Sturmfeuerzeug war frisch g'füllt. An der lodernde Flamm verbrenn ich mir sackrisch de Daume. Ich kann en saftige Fluch net unnerdrücke. Aber sonscht war die Atmosphäre beinah feierlich.

Ich bin noch e Weile gebliebe. Aus der Bar in der wuchtige Schrankwand hat mir die Frau Bachmann en Schnaps angebote. Der sei noch von ihrem Erich. Zehn Apfel- und Birnbäum hätt er g'habt. Die Ernte hätt er brenne lasse. Selber däd sie sowas net trinke. Ich les des bekritzelte Etikett ‚Bachmann, Obstler 2012'. Sie holt für sich e Piccolo aus'm Kühlschrank. Ich erfahr, dass sie noch einen Sohn hat, der in Toronto lebt. Der sei inzwische über sechzig. Zur Beerdigung vom Vadder sei er do g'wese. Nur er. Leider ohne ihre Enkel. Des seie schon junge Männer. „Wie haißt des, wenn mer sich am Bildschirm sehe kann?" – „Skypen". Des könnt sie halt net. In einer Schublad kramt sie nach'me Fotoalbum. Ich sitz uff die Armlehn von ihrem Sessel. „Noch e Schnäpsle?" – „Warum net?" Beim Abschied war's stockdunkel. Vor de Haustür hab ich die Frau Bachmann spontan umarmt. So eine Tierbestattung hat was Verbindendes. Ich hab ihr versproche, mol widder vorbeizukomme. Aber ich hab schon g'wüsst, dass daraus nix wird.

Im Alltag hab ich des immer länger vergesse. Bis mir eines Tages e schwarze Katz vor's Auto rennt. Zum Glück hab ich grad noch bremse könne. Aber es war verdammt knapp. In dem Moment fallt mir die Frau Bachmann widder ei. Komisch, dass ich sie in der Stadt schon lang nimme g'sehe hab. Beim Ei'kaufe oder so.

Ich hab an dem Tag nix vorg'habt. Ich kauf uff'm Markt kurz entschlosse en Topf Alpenveilchen. Des sin net grad meine Lieblingsblume. Aber an so're Topf-Pflanze hätt se länger, als an Schnittblume.

An ihrem Klingelschild steht en annere Name. Ich geh ums Haus rum. Ein junger Mann kommt mir entgege. Er klopft Gipsstaub aus seine Arbeitsklamotte. „Was wolle Sie?" Ich seh des Stahlgerippe von'me Wintergarte im Bau. Im Haus alles entkernt. Rausg'schlagene Wänd. Über dem Katzegrab ein Betonmischer. Des Holunderbäumle abg'sägt. „Die Vorbesitzerin? Eine Frau Bachmann?" Seines Wissens sei die im Altersheim. „In welchem?" Er überlegt. Eine junge blonde Frau im Overall ruft vom Balkon: „Ich glaub, im AWO-Heim!" Ich bedank mich für die Auskunft.

Ich waiß net. Ohne den Blumetopf hätt ich den Besuch vielleicht widder verschobe. Zehn Fußminute später steh ich am Empfang vom AWO-Haus. Es riecht nach Sakrotan un Großküche. Ich verlang nach einer Frau Bachmann, die ich besuche wollt. Die Frau wollt wisse, ob ich ein Verwandter sei. „Des net. Nur ein Bekannter aus ihrem frühere Wohnviertel." Sie hat kurz gezögert. Dann, mit Trauermiene: „Ich muss Ihnen leider mitteilen, die Frau Bachmann ist heute in den Morgenstunden sanft und friedlich eingeschlafen."

Ich glaub, des sage die immer. Weil se wolle, dass d'Leut glaube, beim Sterbe sei jemand dabei g'wese. Es macht en bessere Eindruck. Des Blumestöckle hab ich dort g'lasse. Als Dekoration für den Speisesaal. Ich wär gern irgendwo ei'gekehrt. Mir war nach'me Glas Wein. Aber dann isch mir ei'gfalle, dass alle Wirtschafte zu habe.

De Casanova
vom Seniorestift

Immer gut g'launt
der alte Herr Schmelzer
als ob er kaine Sorge hätt
normal sei des net
sage seine Mitbewohner
wie macht der des bloß?
der muss doch irgendwas nemme
sie könnte wette
Psychopharmaka
so Leck mich am Arsch-Tablette
er isch der Schwarm aller Fraue
der Casanova vom Seniorenstift
ein Kavalier alter Schule
immer wie aus dem Ei gepellt
mit korrektem Windsor-Knote
Sakko nach Maß vom Schneider
Schuh aus England, handgenäht
kurzum – ein Mann von Welt
der in dem verschlampte Lade
auf ein gepflegtes Äußeres hält
ein Gentleman mit Charme
wacklige Dame am Rollator
helft er galant in de Lift
drückt für sie den richtige Knopf
er fahrt mit in ihren Stock
macht unnerwegs Komplimente
„Sie sehe heute bezaubernd aus, wenn ich mir
die Bemerkung erlauben darf"

„Neue Frisur? Frech sieht das aus. Ich hätte Sie
beinah nicht erkannt. Macht Sie um Jahre jünger"
„Frauen sind wie Blumen. Sie sind ein Bouquet"
er begleitet sie immer
bis vor ihr Zimmer
dann beugt er sich vor
zum Handkuss am Schluss
manche Damen sind peinlich berührt
er hat e bissl übertriebe
sie freue sich trotzdem
es isch doch was gebliebe
so ein schönes Gefühl
wie nach einer Rutschpartie
durch d'Altweibermühl
in der Fahrstuhlkabin
riecht noch lang die Luft
nach Pfefferminz-Mundspray
und Yves Saint Laurent
mit Wein vermischt
dem Schmelzer seinem Herrenduft
eine Witwe kennt er näher
so intim wie er noch kann
die hat zwai Zimmer mit Küche
drübe im Betreute Wohne
die kocht für ihn so gut und gern
wie für ihren verstorbene Mann
Liebe geht durch de Mage
besonders bei ältere Leut
aber vielleicht net nur?
er bleibt öfter über Nacht
wer waiß?
ein Kavalier genießt und schweigt.

D'Frau Nägele

Um Gottswille, die Frau Nägele! Die Dreckschlapp, die elend! Entschuldigung, ich kann's net annerscht sage.

Schnell hinner die Plakatsäul! In klaine Schrittle rückwärts drumrum gehe. Vorsichtig im Aug g'halte. Geht se weiter? Net dass die plötzlich nochmal umdreht. Weil se dehaim was vergesse hat. De Geldbeutel. Oder ihr Mask. Nur net zu früh aus der Deckung geh! Die reagiert seitlich auf Bewegung. Wie ein Insekt.

Glück g'habt! Die hätt mir jetzt grad noch g'fehlt. Ich mach schon zu normale Zeite en große Boge um die. Momentan sowieso. Ich will mich net zusätzlich deprimiere lasse. Wege der bin ich schon in fremde Hauseingäng g'hopft.

Ich bin sogar mol in ein Nagelstudio g'flüchtet. Nur um dort zu warte, bis se vorbei war.

Bei der Vietnamesin hab ich mich nach dem Preis für eine Modellage erkundigt. Die zierliche Asiatin hat en erstaunte Blick auf meine Fingernägel g'worfe. „Net für mich!", hab ich schnell g'sagt. Eine Freundin von mir wollt des wisse. Sie hat mir in einer Vitrine verschiedene Modellnägel gezaigt. In alle Farbe. Mit Sternle, Glitzerstaub, sogar mit richtige Bilder. Schmetterlinge, Herzle, Rose. Preis je nach künstlerischem Aufwand. Ich war net bei de Sach. Die ganze Zeit hab ich nach dem winzige Schaufenschter g'schielt. Ob die Nägele net endlich vorbeikommt, dass ich raus kann. Aber sie kommt net. Die hab ich verpasst, denk ich. Anscheinend hab ich mich eine Sekund lang von der exotischen Nagelstylistin ablenke lasse. Net verwunderlich. Ich verabschied mich e bissl unvermittelt. Sie drückt mir noch en farbige Flyer mit der Preislischte in d'Hand. Ruft mir noch hinnerher: „Aber bitte sagen Freundin, Montag zu. Geschlossen vier Wochen. Die Lockdown!"

Vor der Bäckerei im Nachbarhaus will ich des Faltblättle in de Abfallkorb schmeiße. Jemand packt mich am Ärmel. Ich hör die Krächzstimm von der Nägele. „Ah, der Herr Kannegießer! Was schmeiße mer denn do fort?" Ich zuck z'amme. Sie sieht des Umschlagbild von dem Flyer, schüttelt de Kopf. „Jesses, mit solche Kralle kann doch e Frau nix schaffe! Wie will die Zwibbel schneide? Für die Dinger braucht mer doch en Waffeschein!" Ich will weitergeh. Sie stellt sich vor mich. Mit einer Serviett wischt se sich Pudding von de Mundwinkel. An dem Stehtischle bei der Bäckerei hat se zum Kaffee en Bienestich g'esse. „Also ich hab mich schon g'wundert", sagt die Nägele noch, „was Sie in so'me Fingernägel-Lade verlore habe. Ich hab Sie nei'geh g'seh. Habe Sie für jemand en G'schenkgutschein gekauft? Aber s'geht mich jo nix a."

Die Nägele sieht mich maischtens zuerscht. Irgendwie guckt die schneller als ich. Vielleicht weil die immer nach Neuigkaite lauert. Die isch krankhaft neugierig oder wunderfitzig. Wenn die was erfahre hat, lauft die durch des Städtle wie e Huhn mit einem Ei im Bürzel. Des drückt, des muss unner d'Leut.

Was sie nur vom Höresage kennt, langt ihr net. Des isch nur der Anlass für weitergehende Ermittlunge in alle Richtunge. Sie sammelt quasi Indizien. Die gibt erscht Ruh, wenn sie des Geständnis von dem

Betroffene im Originalton hat. Des kriegt die oft mit ihrer raffinierte Verhörtechnik. Die kitzelt alles aus dir raus, was du net sage wollt'sch. Dann schließt sie den Fall ab mit der hirnwidrige Wendung: ‚Des hat mir doch sei wolle!'

Aber des isch nur ein Grund, warum ich grad in diesem Jahr besonders panisch reagier, wenn ich die Frau zu spät seh. Des klingt vielleicht übertriebe. Um des zu versteh, muss mer e bissl was über mich wisse.

Ich bin über siebzig. Hab zudem noch mehrere vergnüglich erworbene Vorerkrankunge. Ich g'hör also zur ‚vulnerablen' Bevölkerung. Des Wort muss mer nimme übersetze. Ich befolg penibel die jeweilige Verhaltensregle gege eine Ansteckung mit dem Virus. Ich nies in die Armbeuge, mach fremde Türe mit'm Ellebogе uff. Ich bleib viel dehaim. War ich notgedrunge kurz fort, wasch ich meine Händ so gründlich wie ein Pathologe nach einer Obduktion, bevor er veschpert. Ich überleg. Was hab ich zuletscht in de Hand g'habt? Ich desinfizier des Rausgeld, die Hausschlüssel mit Virugard. Ohne Mund- und Nasenschutz fehlt mir was. Wenn jemand zu nah an mir vorbeigeht, stell ich die Atmung kurz ei. Mir graut vor g'schlossene, klaine Läde. In der Apothek hab ich mir gratis zwai FFP-Maske besorgt. Gege die ‚Aerosole'. Bei dem Wort Aerosol hätt ich früher an harmloses Duftspray fürs Klo denke müsse. Ganz wichtig isch mir der Mindestabstand von einem Meter fuffzich. Des fallt mir net schwer. Den hab ich für mich freiwillig auf zwei Meter erweitert. Es gibt Ausnahme, aber de maischte Leut wollt ich sowieso net näher komme. Ich bin also sehr vorsichtig. Warum? Weil ich halt am Lebe häng!

Des Wort ‚Triage' schreckt mich. Hätt mich jemand vor'me Jahr g'frogt, was des bedeutet, hätt ich vom Wortklang her auf ein gutes Blatt bei'me französische Pokerspiel getippt. Heut waiß ich, es isch die Arschkart.

So, jetzt trifft jemand wie ich auf die Frau Nägele. Es nützt nix, die Straßeseit zu wechsle. Die kommt rüber. Die freut sich. Ihr geblümelte Mask hängt immer unner de Naselöcher, dass se besser Luft kriegt zum Schwätze. Ihr spitzige Nas guckt raus wie en Schnorchel. Des irritiert mich schon. Die Mask hat se aus'me Stofflappe von'ere alte Kittelschürz selber g'näht. Ich glaub net, dass die den Fetze mol g'wasche hat. Es isch ein dankbarer Stoff. Flecke sieht mer kaum. Es liegt ihr immer viel uff de Zung, was raus muss. Bei „Wisse Se schon...?" oder „Des bleibt jetzt unner uns..." schrumpft der Mindestabstand uff dreißig Zentimeter von Nas zu Nas. Bei besonders heikle, brisante Stelle zieht sie mich am Revers näher her. Weich ich zurück, bieg de Hals nach hinne, geht sie sofort e Schrittle vor, korrigiert den Abstand. Mein verzweifeltes „Abstand bitte, Frau Nägele!" überhört sie. Wenn sie denkt, mer hätt was net richtig g'hört, weil mer zum Beispiel d'Stirn runzelt, zupft sie den Maskestoff überm Mund hoch. Sie zischt feucht, beinah nass unnedurch. Ich wisch mir reflexartig, net demonstrativ über Stirn und Auge. Die Mask muss ich später entsorge.

Vor e paar Tag hab ich die Nägele zum letschte Mol zu spät g'seh. Es war zwische dene gläserne Schiebetüre vom Supermarkt. Sie tragt e Familiepackung Toilettepapier mit Henkel. Schimpft über die verrückte Leut. Des Regal sei schon widder leer. Ich sag: „Entschuldigung, Frau Nägele. Heut hab ich's mol eilig." Ich will weitergeh. Sie packt mich am Kittelärmel, guckt mir in d'Auge. „Also Sie g'falle mir momentan gar net, Herr Kannegießer." Dann mit so'me lauernde Unnerton: „Geht's Ihne denn gut so weit?" Ich nick: „Ja, ich kann net klage." Sie lasst mein Ärmel los. Beim Gehe hör ich sie noch in ihren Stofflappe brummle: „Des hat schon mancher g'sagt!"

Dehaim hab ich vor'm Badspiegel mei Mask von de Ohre gezoge. Ich war wirklich e bissl blass. Aber vielleicht war des in der Zeit normal.

Speed Date

Nach exakt fünf Minute
endlich der Gong
Tisch- und Partnerwechsel
hab schon am Blumeväsle g'spielt
nach meiner Armbanduhr g'schielt
mir fallt nix meh ei
was ich schwätze könnt
die Frau war net aus'm Weg
sie war net unsympathisch
sie war ganz adrett
aber zum Verliebe
langt des halt net

bei der Dame an Tisch drei
seh ich schon von vorne'rei
die will ich net kennelerne
G'sicht wie en Schraubstock
so hart und verbisse
von der Liebe schwer enttäuscht
sie will's trotzdem nochmol wisse
die sucht doch nur en Mann
bei dem se sich für alle Männer
stellvertretend räche kann
was mach ich bloß?
sie ai'fach übergehe
wär bei so'me Speed Date
ein klarer Regelverstoß

es isch halt wie eine Lotterie
mit viele Niete drin
dafür hat mer net viel zu verliere
deshalb kann mer's ruhig probiere

immerhin
es kommt vor
dass zwai nach fünf Minute schon
spontane Zuneigung verspüre
ihre Kärtle austausche
nächtelang telefoniere
sie freue sich auf ein Rendezvous
ohne Gong mit Open End
beim Candlelight-Dinner
sie komme sich zügig näher
spiele net mit'm Blumeväsle
sondern uff'm Tisch mit ihre Händ
trinke e Gläsle Schampus auf's Du

der Kellner bleibt höflich
des Lokal macht um Mitternacht zu
eng umschlunge gehe se raus
sie als Charlotte – kurz Lotte
er als Klaus
sie habe beim Speed Date
des Glückslos gezoge

Vorsicht!
jetzt wird's g'fährlich
wie leicht kommt mer in was nei
aber so schnell nimme raus!

Was Hänsle net lernt ...

Kinner helfe gern beim Schaffe
wolle tüchtig sei, wichtig sei
sich wie Erwachsene fühle
die sin doch sowas von stolz
über e schiefes Vogelhäusle
selber gezimmert aus Kischteholz
mer muss die nur e bissl lobe
ihne erkläre mit Geduld
wie alles geht
nachher beim Hans
in der Pubertät
isch's zu spät
ich hab schon als Hänsle
beim Helfewolle nur g'stört
mein Vadder war schuld
ich hab seine Sätz noch im Ohr
wie oft hab ich die g'hört
‚Bleib du weg mit deine zwai linke Händ!'
‚Du steh'sch mir nur im Weg rum. Geh spiele!'
‚Rechts isch do, wo de Daume links isch!'
des hat des Hänsle nie kapiert
mit de Zeit hat's resigniert
heut bin ich noch immer der
mit de zwai linke Händ
ich krieg kain Nagel grad in d'Wänd
in Baumärkt sieht mer mich nie
ich mach alles kaputt beim Repariere
aber immerhin
ich hab doch was g'lernt

ich kann prima delegiere
hab für alles mei Leut
wer mich sieht
hat besser e Ausred parat
oder wechselt d'Straßeseit
‚Horch, Bernd
hätt'sch net am Samstagvormittag
grad e Stündle Zeit?'

De Werkstattwein oder Barrique

Der Besitzer von meiner Autowerkstatt stammt aus'm nördliche Kraichgau. So ziemlich aus der letschte Weinbaugemainde, bevor überm Neckartal bei Mosbach der Odenwald losgeht. Von einem dortige Winzer bezieht er seinen Präsentwein für wichtige Geschäftsfreunde und treue Kunde wie mich. Es isch vorwiegend eine Weißweingegend.

Immer zum Jahresende bringt mir der Paketbote des Geschenkkartönle mit der Flasch Werkstattwein. Eine Grußkarte vom Autohaus liegt drin, vom Chef persönlich mit Füller unnerschriebe. Immerhin, Vertragswerkstatt von VW, Audi und Skoda. Dazu die aktuelle Preislischt vom Weingut mit Kurzbeschreibung, wie die Weine schmecke solle. Des sollt mer vorm Probiere lese. Net dass mer so eine Geschmacksnuance achtlos übertrinkt, garnet merkt.

Riesling (Feine Säure, komplexe Aromen, eleganter Auftritt). Müller-Thurgau (Gefälliger Trinkwein, dezentes Terroir). Sylvaner (Fruchtig, trocken, mineralisch). Grauburgunder (Dichte Struktur, körperreich, Nuancen von Honigmelone und reifem Pfirsich). Chardonnay (Opulentes Bouquet, Nase nach Ananas, Stachelbeere und Apfel. Unsere Champagnertraube). Auxerrois (Süffig, tänzelt über den Gaumen, stahlig im Abgang). Spätburgunder (Unser Roter; samtig, vollmundig, idealer Begleiter zu herbstlichen Wildgerichten).

Ehrlich g'sagt, die Prädikate überflieg ich nur. Ich bin Weintrinker, kein Sommelier. Wenn mir ein Wein schmeckt, isch er für mich gut. Fertig ab! Ich muss net wisse, warum. Des geht mir mit Fraue genauso. Ich könnt niemand überzeugend erkläre, warum mir meine Annegret g'fallt.

Übrigens, falls Sie mol in die Gegend komme. In're Wirtschaft ei'kehre wolle. Zum Auxerrois sage die Leut dort ‚Oxerohr'. Die wolle sich am Wortend net französisch s'Maul verreiße oder de Kiefer ausrenke. Die Bedienung verschreckt, wenn Sie einen ‚Auxerrua' bestelle. Des habe die net!

Also bisher hab ich mich über den Präsentwein von meiner Werkstatt immer g'freut. Er war durchweg trinkbar. Aber net so, dass mer jetzt unbedingt was bestelle müsst. Aber wie haißt des Sprichwort? ‚Einem g'schenkte Gaul guckt mer net ins Maul.' Außerdem war des immerhin eine nette Geste. Und eine nette Geste schmeckt mer im Wein halt net.

In diesem Jahr war die Weinsendung eine Überraschung. Des Paket war doppelt so groß und schwerer als sonscht. Ich hab den Empfang quittiert, des Papier wegg'risse. Eine Holzkischt mit Schieber! In Brandschrift les ich ‚Pinot Noir-Barrique'.

Drin zwei Flasche in Bordeaux-Form mit ganz neuartige Etikette. Eine grüne Wellelinie quer auf schwarzem Grund. Ein dicker kreisrunder Punkt drüber, goldfarbig. Könnt die Sonn überm Hügelland darstelle.

Bisher ware die Etikette ganz traditionell. Gegenständlich. Ein Aquarell von einem örtliche Hobbygraphiker. Zwische Rebhäng in der Talmulde die Ziegeldächer vom Dorf mit Kirchtürmle in de Mitte. Drüber des Winzerwappe vom Weingut Schäpfle. Beschriftung ‚Tiefenbronner Pfaffenbuckel. Spätburgunder trocken. Qualitätswein‘.

Mir fallt was ei. Kürzlich hab ich neue Bremsbeläg gebraucht. Mir wäre die alte noch gut g'nug g'wese. Aber dem TÜV net. Vom Werkstattchef hab ich erfahre, dass der Schäpfle junior sein Önologiestudium in Landau abg'schlosse hätt. Er sei jetzt im väterliche Betrieb für Werbung und Vertrieb zuständig, wollt sogar auf ökologischen Weinbau umstelle. Aber der Alte hätt abg'winkt. „Grüne Fürz!“, hätt er g'sagt.

Aha, von daher weht der Wind! Ein dynamischer Jungwinzer am Werk. Statt der übliche Preislischt flattert mir ein Schmuckblatt aus'm Laserdrucker vor d'Füß. ‚Endlich ist es soweit! Mit Freude und nicht ohne Stolz können wir Ihnen unseren ersten Pinot Noir-Barrique vorstellen! In alten Eichenfässern aus dem Limousin hat er seiner Vollendung entgegengeschlummert …‘ und so weiter. Es folgt eine ausführliche Charakterisierung mit Probieranleitung. Des les ich diagonal.

Der Wein war vom Transport noch zu kalt. Den sollt mer dekantiere, zwai Stunde atme lasse. Schon klar. Aber so lang hab ich net warte könne. Ich war zu neugierig. In de Küch hab ich sofort e Flasch entkorkt und im Stehe probiert. Immerhin genau nach Vorschrift, nur schneller. Zuerscht Farbprobe – hellrot, beinah wie Trollinger. Dann Schnupperprobe – dünnes Bouquet. Schwenkprobe – bleibe an der Glaswand Schliere? Kaum. Jetzt des erschte Schlückle über d'Zung schlürfe, im Mund rumspüle, verkaue. Aber es gibt nix zu verkaue.

Jesses, was isch'n des? Ich war uff e Maul voll Wein g'fasst! Aber des war für mich ein weinhaltiges Erfrischungsgetränk mit Holzfass-G'schmack! Aus Zorn über die jähe Enttäuschung spuck ich den zwaite Probierschluck ins Spülbecke. Ich kann des G'söff net trinke.

Ich setz mich uff die Tischkant, rauch e Zigarett. Ich überleg, was ich mit dem Wein mache soll. Gut, mit der entkorkte Probierflasch hab ich kai Problem. Die schütt ich weg. Dass ich mir des net noch annerscht überleg, mach ich des sofort. Ich lass den Wein in de Abfluss gluckere. Zum Koche kann ich den net nemme. Wär schad um des gute Esse. Als Glühwein? Was blieb nach dem Verdampfe vom Alkohol? Limou-seng-Eiche mit Zimtnote.

Bei der zu'ene Flasch krieg ich Skrupel. Die Form, des ungewöhnliche Etikett. Die Verbindung von Wein und Kunscht. Des hat was! Sieht irgendwie edel aus. Als sei was ganz Erlesenes drin. Dann noch Pinot Noir-Barrique. Klingt besser als Spätburgunder.

Ich hab eine Idee! Der Kai-Uwe hat demnächscht Geburtstag! Er wird 65. Des Geschenk hat die Annegret schon besorgt. Eine ‚Smartwatch Multi-Sport-Modus'. Mit Herzfrequenz-Blutdruckmesser, Anzeige vom Sauerstoffgehalt im Blut und was waiß ich noch alles. Sogar Android-kompatibel. Keine Ahnung, was des isch. Egal. Außerdem kriegt er noch so Teleskoptrekkingstöck. Und jetzt, nur als Mitbringsel, des exquisite Fläschle Werkstattwein! Wegschütte krieg ich net übers Herz. Immerhin steckt die Arbeit des Winzers drin, wenn auch die vergebliche.

Der Kai-Uwe, ein kerngesunder Best Ager und eingefleischter Single. Typ Naturbursche. Er wandert leidenschaftlich gern, liebt die Natur. Der kennt jeden Premium-Wanderweg, ob im Schwarzwald, im Kraichgau oder im Pfälzerwald. Sogar in de Vogese.

Einmal im Monat, immer sonntags, organisiert er für unseren Freundeskreis hobbymäßig eine Tageswanderung. Die jeweilige Tour plant er minutiös. Kilometerzahl, Gehzeit, Steigungen, Wegbeschaffenheit, geeignetes Schuhwerk, Sehenswürdigkeiten, Proviant, Einkehrmöglichkeiten. Oft googelt er sogar die Speisekarte von Wirtschafte. Für die Vegetarier unnerstreicht er ‚Fitness-Salat‘ oder ‚Kässpätzle‘. Er denkt an alles. Die Tourbeschreibunge verschickt er per E-Mail rechtzeitig an alle Wanderfreunde. Wer will, kann mit. Treffpunkt neun Uhr am Stadtbahnhof.

Ich war noch nie dabei. Ich schlof sonntags gern aus, frühstück in Ruh, les Zeitung. Ich bin schon naturverbunde, so isch's net. Aber erscht später. Und dann langt mir ein Spaziergang im Stadtpark. Dafür freut sich die Annegret immer auf die Wandersonntage. Die Teilnehmerzahl schwankt. Aber sie hat noch nie g'fehlt. Sie g'hört zum harte Kern.

Anfangs war ich, ehrlich g'sagt, e bissl sauer. Schließlich habe wir eine Wochenendbeziehung. Die Wanderausflüg gehe von unserer knappe gemeinsame Zeit ab. Aber ich hab mich inzwische dran g'wöhnt. Sie braucht des als Ausgleich zu ihrer sitzende Tätigkeit vor'm Bildschirm im Büro. Ich merk, es tut ihr gut.

Wenn sie zur ‚Tatort'-Zeit von der Wanderung haimkommt, hat sie gute Laune. Sie trällert unner der Dusche. In ihrem weiße Frotteemantel erscheint sie im Wohnzimmer, ihre nasse Haar unnerm Handtuchturban. Sie räkelt sich wohlig auf der Couch, gähnt genüsslich. Sie will mir noch was von der Wanderung verzähle, aber ihr Sprach wird undeutlich und immer mühsamer. Sie entschuldigt sich, sie sei zu müd. Ihr falle d'Auge zu. „Aber g'sund müd!", kann sie grad noch hinnerher schiebe.

Ich betracht noch e Weil ihr G'sicht. Sie lächelt im Schlof. Es gibt noch was anneres, um g'sund müd zu werde, geht mir durch de Kopf.

Aber es war schon in Ordnung so. Des hab ich von frühere Beziehunge g'lernt. Man muss net alles z'amme mache.

Paare bleibe bei aller Harmonie zwai Leut mit verschiedene Int'resse und Neigunge. Die müsse sich Freiraum lasse. Also ganz wichtig war Toleranz! Die fallt mir in dem Fall net schwer. Von de Kondition her könnt ich sowieso net mitwandere.

Übrigens, die Geschenkidee mit dene Trekkingstöck stammt von der Annegret. Bei der letschte Herbschtwanderung vor der Winterpaus ware se nur zu zwait. Sie und der Kai-Uwe. Es war'en nasskalter Novembertag. Im Rundschreibe war zu lese: ‚Es gibt kein schlechtes Wetter, nur falsche Kleidung.'

In einer Besewirtschaft im Kraichgau habe se sich verhockt. Sie habe zur letschte Stadtbahn renne müsse. In der Automatiktür hat der Kai-Uwe sein Stock ei'geklemmt. Die Tür isch nochmal uffg'ange, aber der Stock war krumm. Er hat sich nimme auf Rucksacklänge z'ammeschiebe lasse. Beim Gradbiegewolle isch er abgebroche. Damals isch die Annegret erscht nach Mitternacht komme. Ich hab mir schon Sorge g'macht. Sie war irgendwie komisch. Nebe de Spur.

Ich drück mei Zigarett in de Aschebecher, setz mei Lesebrill uff. Am Fenschter dreh ich die Flasch vor meine Auge, überflieg des hinnere Etikett. ‚Beeindruckendes Bouquet von roten Früchten und Brombeeren, das sich mit dem Barrique harmonisch vermählt. Ideale Trinktemperatur 16–18 Grad.'

In geschwungener Schreibschrift, herzförmig rot eingerahmt, les ich weiter: ‚Mit freundlicher Empfehlung, Ihr Autohaus mit Herz.'

Scheiße! Gut, dass ich die Flasch nochmol genauer a'geguckt hab! Herrgott, wege dem blöde Sätzle kann ich die jetzt net verschenke! – Oder doch? Mol gucke. Unner laufendem Warmwasser versuch ich, die Stell mit'm Daumennagel abzukratze. Klebt wie Pech. Ich hätt mir heut Morge die Fingernägel net schneide solle. Ich probier's mit der raue Seit vom Spülschwämmle, mit der ich normalerweis verbrenntes Esse aus de Töpf kratz. Schon besser. Nur zu großflächig, es geht a des weg, was er lese soll. Ich kram in der Tisch-Schublad nach dem Austernmesser aus der Bretagne. Starke, spitze Kling. Mit Handteller. Gut, wenn mer alles im Haus hat. Endlich hab ich's mol brauche könne, mit dem könnt's geh. Ich stocher winzige Fitzele Papier ab. Mitte in dem Rubbelg'schäft schellt's an der Wohnungstür. Dreimol. Muss die Annegret sei. Ich ruf:

„Komm doch rei! Wozu ha's denn en Schlüssel?"

Abwechselnd sin mer am Wochenend bei ihr oder bei mir. Wir habe's net weit. Es funktioniert relativ gut. Von mir aus könne mer des so lasse. Es isch was wert, wenn mer sich unner de Woch ins Privatlebe zurückziehe kann.

Sie streckt ihren Kopf in d'Küch. Sie wirkt blass, mit verquollene Auge. Übernächtigt. Ich sag: „War's spät bei eurer Betriebsfeier geschtern?" Sie schüttelt de Kopf: „War garnet dort. – Sag mol, was treib'sch denn do?" „Des sieh'sch doch! – Herrgott, dass des so schwer abgeht! Mit dem Austernmesser geht's e bissl besser. Guck!" „Was geht besser? Austernmesser? Ich kapier überhaupt nix!" Ich trock'n meine Händ am G'schirrtuch ab, dreh den Wasserhahn zu.

Meinem übliche Begrüßungsküssle uff de Mund weicht sie im letschte Moment aus. Es landet hart auf ihrem Backeknoche. Ich erklär ihr, was ich mach. Sie, empört:

„Des kann'sch doch net mache!"

„Wieso net? Nur als Mitbringsel."

„Egal. Man schenkt nur Wein, der einem selber schmeckt. – Deine Rede!"

„Normal ja! Aber der Kai-Uwe als Nordlicht isch ein reiner Biertrinker!"

„Wieso will'sch ihm dann ausg'rechnt Wein schenke?"

„Zu besondere Anläss trinkt der a mol e Schlückle Wein!"

„Den du wegschütte wollt'sch?"

„Horch, der merkt doch kain Unnerschied!"

„Mach, was du will'sch! Aber ich ..."

„Nix aber! Überhaupt, was steh'sch denn im Mantel rum? Leg erschtmol ab, mach's dir g'mütlich."

„Aber ich bin aigentlich komme, weil ich mit dir rede muss!"

„Ja, glei! Nur des ‚mit Herz' muss ich noch abkratze, Anne. Net dass ich des vergess. Des wär peinlich."

„Bi'sch du taub, Jörg? Ich muss dir was sage! Des liegt mir schon lang uff de Seel!"

„Dann wird's jetzt uff e Minut net a'komme! – Herrgott, des drecks Etikett!"

„Hör bitte zu, Jörg! Es isch wichtig. Der Kai-Uwe und ich ..." „Au, Scheiße! Bin abg'rutscht! Hab mir in d'Hand g'stoche! Ich blut wie d'Sau! Guck!"

„Du wir'sch net glei verblute! Hör zu! Zwische dem Kai-Uwe und mir ..."

„Ja, ja! Nachher! Steh mir net im Weg rum! Pflaschter, Mull, Verbandszeug! Ich vertropf doch alles!"

Im Bad hab ich mit der rechte Hand mei linke Hand verarztet. Schwierig. In meiner Hausapothek war alles drin. Ich hab mich g'ärgert, weil sie mir net behilflich war. E paarmol hab ich g'rufe: „Desinfiziere? Mit dem rote Zeug? ‚Mercurochrom' – Isch des Jod?" Oder „Guck doch wenigschtens mol!" Nichts. Keine Antwort. „Anne! Annegret!", hab ich in alle Zimmer g'rufe. Die hat sicher im Auto was vergesse, hab ich überlegt. Kommt öfter vor.

Ich schenk mir en doppelte Cognac ei uff den Schreck. Des Stichle war halb so schlimm. D'Finger kann ich bewege. Dann seh ich nebe dem Tulpeglas den BKS-Schlüssel. Es war meiner. Die Annegret hat ihn von ihrem Schlüsselbund abgezoge. Ich renn zu dem Schränkle im Flur. Bei meine Schlüssel fehlt der zu ihrer Wohnung. Der Stich war schlimmer.

Des isch jetzt länger her. Langsam geht's mir widder besser. Arg langsam. Aber wenn ein Wein nach Barrique schmeckt, nur e bissl barriquelt, krieg ich en Rückfall. Immer noch.

Ins Weite oder Calw

Nach der Schulzeit
wollt er nochmol fort
vor dem lange Bleibe
wohin war ihm egal
nur weg von Calw
aus dem Schatteloch
raus aus dem enge Tal
ins Weite!
paar Abenteuer erlebe
sich in der Welt rumtreibe
gucke was geht
bevor er in einer Betriebskantin
tagein tagaus in der Mittagspaus
mit de gleiche Kollege
an de Essensausgab steht
freitags Fisch
so geht des Lebe vorbei
des kann's für ihn net g'wese sei
alle ware schon in de Lehr
als Mechatroniker, Webdesigner
Bankkaufmann mit Krawattezwang
oder Haustechnik-Installateur
er hat sich fortgeträumt
nachts in sei'm verrauchte Zimmer
hat er Heavy Metal g'hört
hat seine lila Haar fliege lasse
Luftgitarre g'spielt
Silberring am Naseflügel
ein Kreol im linke Ohr

die Eltern habe ratlos
durch de Türspalt g'schielt
was geht nur in ihm vor?
sie habe seine Tasche
nach Haschisch durchwühlt
der wird doch nix nemme?
sie habe wege're Lehrstell für ihn
im Lokalblättle inseriert
weil er sich net drum kümmert
e große Bauschreinerei am Ort
hat ihn als Azubi g'nomme
drei Monat Probezeit

es hat e Woch lang funktioniert
dann isch er montags
zum Schaffe nimme komme
d'Mutter heult
de Vadder brüllt
dass es net so weiter geht
hat ihm de Kopfhörer runnerg'risse
wie er sich sei Zukunft denkt
wollt er von ihm wisse
er hat sich im Bett
nur zur Wand gedreht
beim Aldi hat er en super Job
hat Einkauswäge z'ammeg'schobe
Zeug in Regale sortiert
in're Keksdos spart er des Geld
für den Flug nach Sidney
von Calw aus g'seh
am annere End von de Welt

irgendwann
hat er Kassesturz g'macht
für Sidney hat's net g'langt
aber immerhin
Ibiza war locker drin
des war für de Anfang weit genug fort
er hätt sogar noch Geld zum Lebe
im Reisebüro bucht er den Flug
noch e paar Tag dehaim
dann macht er die Flatter
ins Weite
in Gedanke war er schon dort

was ihm dann passiert
hat er net wirklich kapiert
bei seiner Abschiedsfeier
mit e paar Kumpels
Farewell-Party
in einer Pforzheimer Diskothek
lauft ihm eine Miriam über de Weg
er hat ihr zu lang
in ihre grüne Auge geguckt
sie hat ihn verhext
sich in sie zu verliebe
er hat seine Kumpels vergesse
die ware schon lang weg
er isch über Nacht bei ihr gebliebe
vom Bett aus hat er zugeguckt
wie sie nackt Frühstück macht

er hat den Flieger storniert
den Abschied öfter verschobe
hat mit der Zeit
des Verschiebe vergesse
kommt er heut vom Büro
reißt er d'Krawatt vom Hals
„Hallo Schatz
was gibt's heut zu esse?"
sie gibt ihm en Kuss im Vorbeigeh
mit de Pfann in de Hand
„Freitags Fisch. Wie immer!"
sie wohne in Calw
schönes Häusle mit Garte
ziemlich obe am Hang
wenn's im Talgrund schon dämmert
scheint dort noch d'Sonn
relativ lang

En Süßholzraschpler
bin ich net

‚Ich liebe dich‘
‚Bei dir fühl ich mich angekommen‘
‚Wir gehören zusammen für immer und ewig‘

Abspann – Fernseher aus!

so ein Stuss!
ich krieg Kopfweh
von dem Gesülze am Schluss!

solche Sätz krieg ich net raus
mit mei'm bollerige Dialekt
der sogar wenn mer singt
net charmanter klingt
Fraue eher verschreckt

für so Liebesgeflüschter
nachts im Bett
flüschter ich zu laut
en Süßholzraschpler bin ich net
ich bin halt e ehrliche Haut

‚I hab di gern‘
kann ich im Überschwang
vielleicht mal sage

aber es klingt irgendwie
nach dürrem Reisig
nach Brennholz breche
mit Kraft übers Knie

also für ewig
kann ich dir nix verspreche
im Jenseits
kenn ich mich net aus

aber wie wär's mit für immer?
lebenslänglich sozusage?
des könnt ich mir notfalls denke
des wär doch waiß Gott lang genug
sogar wenn mer uns gut vertrage

könnte mer net so verbleibe?
wir trenne uns
wenn's halbwegs geht
vorläufig nie!

Thai-Hocketse

Guckt mol, wer dort kommt!

Des isch doch unser Schüssele Franz mit seiner neue …

Tatsächlich! Dann stimmt des also doch, was mer so hört!

Jesses, wie en Vadder mit Adoptivtochter!

Also Mut hat der! Dass er die glei zum Straßefescht mitnemmt.

Und Hand in Hand, sieh'sch des?

Lieber Gott, warum net? Unser Franz isch jetzt halt frisch verliebt. Do müsse mer uns dra g'wöhne.

Wie sagt mer? ‚Wenn e alte Scheuer mol brennt, dann brennt se richtig.' Des gilt a für Männer.

Ach komm, was will denn der alte Simpl mit dem Mädle a'fange?

Du, dem wird schon was ei'falle! Also ich wüsst …

Robert! überleg dir, was'd sag'sch!

Ich gönn des dem Franz. Der hat's lang genug mit seiner Sieglinde ausg'halte.

Du, die hat auch ihre gute Seite g'habt. So war's net.

Ja, von hinne! Des war doch ein Ripp, ein böses!

Jetzt übertreib net! Die hat manchmal ganz lieb sei könne.

Aber nur, wenn alles nach ihrem Kopf g'ange isch. Dann ja!

Do muss ich dem Helmut recht gebe! Mir denkt kain Obend, an dem die net irgendwann Krach kriegt hätte. Die hat ständig uff dem Franz rumg'hackt.

Genau! Danke, Robert. Wie oft habe mer uns g'sagt: Der arme Kerl muss jetzt mit der Frau haim!

Aber sie habe sich z'ammeg'rauft. Immer widder versöhnt. Des war vielleicht ganz schön.

Versöhnung mit der Sieglinde? Ich kann mir was Schöneres vorstelle.

Bei Paaren mangelt es oft nur an der Achtsamkeit. Am liebevollen Hinschauen auch auf die Schwächen des Partners. Man muss über Probleme offen reden und ...

Oh, Elvira! Des war widder das Wort zum Sonntag. Du schaff'sch net umsonscht bei der Diakonie!

Das hat damit nichts zu tun! Aber ein sensibler Partner hätte diesem Instrument vielleicht ganz harmonische Töne entlockt, wenn er darauf zu spielen versteht.

Main'sch jetzt mit dem Instrument die Sieglinde?

Ja, zum Beispiel auch.

Den Musiker möcht ich seh! Des müsst en Zitherspieler sei!

Wo sin die denn jetzt? Ich seh die gar nimme.

Doch dort! Bei dem Drehorgelspieler.

Hoffentlich hört der bald uff!

Ach Gott, unser Franz! Wie er jetzt so zärtlich de Arm um sie legt.

Also ich kann mir net helfe. Des sieht für mich irgendwie aus wie Verführung Minderjähriger.

So jung isch die nimme. Die Fraue dort sehe nur lang so aus. Die isch halt zierlich. Mädchenhaft, könnt mer sage.

Jesses, die Steckefüß! Mei Sach wär des net.

Also volljährig wird se jedenfalls sei.

Aber grad! Nur der Franz isch halt e bissl arg volljährig für des Mädle.

Stellt euch des Gespann mol, sage mer, in zehn Jahr
vor!

Horch, Jutta! Des isch doch dem Franz im Moment
wurscht! Der genießt des Lebe jetzt!

Aber so eilig hätt er's net habe müsse! Kaum g'schiede!

Was soll's? Nach Schaidunge gibt's meines Wissens
kein Trauerjahr!

Trotzdem. Er hätt sich e bissl Zeit lasse könne! Um in
Ruhe nach einer Frau zu gucke, die altersmäßig
un von der Kultur her zu ihm passt.

Ja, dass er widder so eine Hetäre wie die Sieglinde
dehaim hocke hat!

Eine Megäre wolltest du sagen, Helmut. Aber die
Jutta hatte da schon recht. Der Franz wäre nach der
Scheidung besser eine Zeit lang allein geblieben,
um auf seine innere Stimme zu hören. Was will
ich wirklich?

Elvira bitte! Net schon widder Diakonie!

Als Mann hat mer Verantwortung für so e exotisches
G'schöpf. Dem Franz isch des hoffentlich bewusst.

Glaub'sch du des, Elke? Männer denke doch nur an
ihr Vergnüge. An Sex!

Wenn ich so e blödes G'schwätz hör!

Aber so isch's doch!

Ach, hör doch uff! Als ob Männer primitive, schwanz-
g'steuerte Affe wäre! – Was halt'sch denn du als
alter Pavian vom Männerbild von deiner Frau,
Robert?

Do halt ich mich raus.

Ja, klar! Was will'sch mache bei so'me Schrapnell
als Frau?

Helmut! Ich lass mich von dir net belaidige!

Er maint's net so, Jutta. Du kenn'sch ihn doch. – Entschuldig dich bei der Jutta für den Ausdruck!

Ich denk net dra! – Horch, Jutta, der Franz hat dreißig Jahr immer Verantwortung getrage für die Sieglinde, ohne Vergnüge! – So, jetzt komm'sch du!

Streitet euch bitte nicht wegen eines im Unbedacht so hingesagten Wortes!

Nix unbedacht, Elvira! Des hab ich mir schon überlegt. Ein Schrapnell isch e Granat mit hundsgemainer Splitterwirkung! Im Dialekt sagt mer zu Fraue, die …

Komm, Robert! Des langt mir jetzt. Ich geh!

Jutta bitte, bleib sitze! Schluss mit dem Gehändel! – Also wunderschöne Haar hat die Frau. Guck mol! Die glänze wie Seide. Rabenschwarz. Bis zum Po runner.

Wie er jetzt mit ihr rumschmust. So kenne mer unsern Franz gar net. Wie verjüngt wirkt er irgendwie.

Abwarte! Seht ihr des? Er hat immer noch so'n leichte Schongang. – Wann war sei Hüft-OP?

Im Januar habe mer ihn in der Reha besucht. Damals war die Linde schon nimme dabei.

Hoffentlich hebt die Prothes noch e Weil. Wenn der mol nebe der Frau mit'm Rollator herdäppelt, wird's komisch.

Aber dem Franz ging's mit der Frau besser, als mit der Sieglinde ohne Gehhilf. Garantiert!

Also die Thailänderinne sin bekannt als liebevolle Pflegekräfte. Kürzlich hab ich im Fernseh was g'seh über eine Seniorenresidenz in Thailand.

Da muss ich dem Robert beipflichten. Achtung vor alten Menschen ist in dieser Kultur tief verwurzelt.

Wie wär's, Robl? Du und ich? Wenn mir mol soweit
 sin, packe mer unsere Koffer. Ab nach Thailand!
 Mit unserer Rente könnte mer dort sogar …
Achtung! Der Franz hat uns g'seh!
Au ja! Die komme her! Gosch halte!
Themawechsel!

Wenn mer an nix Bös' denkt! – Seid ihr a do?
Ja servus Franz! Lang net g'seh. War'sch verraist, gell?
Ja, kann mer sage. Und? Wie geht's euch?
Schlechte Leut geht's immer gut.
Seid ihr schon lang do?
Ja mir hocke schon e Weil. Mir sin zum Mittagesse
 komme.
Bratkartoffel mit Sauere Nierle bei de Landfraue.
 Einwandfrei.
Ich hab vom TSV-Stand Schweinebrate mit Spätzle
 g'habt. 6 Euro. Kann'sch nix sage.
Ha ja, do wär mer doch blöd, wenn mer dehaim kocht.
Mit'm Wetter habe mer dies Johr Glück. S'könnt aber
 wärmer sei.
In de Sonn geht's. Aber wenn die weg isch, wird's
 frisch.
Es wird halt Herbscht. Ohne Strickjäckle kann'sch
 obends nimme drauße sitze.
Hauptsach, es regn't net. Voriges Jahr …
Aber Franz, will'sch du uns die Dame an deiner Seit
 net vorstelle? Oder macht mer des net, wo sie
 herkommt?
Ach so, ja doch. Entschuldigung! Des isch die Nok! –
 Nok, some of my friends.
Ja, nur Nok? Habe die Fraue dort so kurze Name?

Viele. Ihre Schwestern haiße Khuan, Pet, Lai ...

Yes, yes, many sisters.

Mich würde interessieren: Haben die Namen eine
Bedeutung?

Die Elvira widder!

Ja. Nok haißt ,Vogel' oder so.

Also ich muss sage, Franz, do isch dir e nettes Vögele
zug'floge!

Mensch, Helmut! So redet man nicht in ihrer Gegenwart!

Wieso denn? Des versteht sie doch net. Oder Franz?
Kann sie Deutsch?

Woher denn? Nur Englisch. Des lerne die in de Schul.

Bleib hocke, Helmut! Was ha'sch denn vor?

Achtung, die Gläser! Sag ich's net?

Herrgott, so eine Sauerei jetzt!

Da, Elke! Tempo. Nemm glei des ganze Päckle! Hat
jemand was abkriegt?

Mei Hos, guck doch!

Ach Robert! Die Jeans hab ich grad g'wasche!

Zum Glück bloß Weißwein.

Welcome in Germany, Nok. I am Helmut. A friend
from Franz. – Was hat se denn? Hab ich was falsch
g'macht?

Du, des kennt sie halt net so. Des isch in Thailand
net üblich.

Was? Dass mer sich vorstellt?

Doch, des schon. Aber net mit Handschlag wie bei uns.

Hätt'sch ihr net vorher sage könne, dass mer sich bei
uns zur Begrüßung de Spate schüttelt?

Doch. Aber die isch halt verschrocke. Du kann'sch net
ai'fach ihr Hand packe un nimme loslasse!

106

Des war halt herzlich g'maint. Wie begrüße die sich
denn?

Händ vor de Bruscht falte. Freundlich lächle. Leichte
Verbeugung. Guck doch, sie macht's dir vor!

Donnerwetter! Die isch clever. Die versteht mehr als
mer denkt. Alla, nochmol. Thailändisch. – Helmut
my name. Nice to meet you. Very pleased. – Was
lacht ihr denn so blöd?

Du hätt'sch dich grad sehe müsse! Wie Bandscheibe-
vorfall beim Betel.

Bleib grad so stehe, Franz! Net weggehe!

Was soll des jetzt, Helmut? Zerr net an mir rum!

Dort! Der Leibold! Steuerprüfer im Finanzamt. Den
hab ich g'fresse! Isch er vorbei mit seiner Madam?

Ich kenn die doch net!

Er spindeldürr. Sie dick. Trachtehütle mit Feder.

Ah ja. Kann'sch widder hochkomme. Die sin weiter.

Gott sei Dank! Sag mol, wie mache die des in Thailand,
wenn die jemand net verknuse könne? Trotzdem
lächle? Bückling mache?

Keine Ahnung. Wahrscheinlich wie du. Abtauche. –
Sorry, Nok. Just a moment. Stay here, darling. I
must say hello to a business colleague.

Jetzt rennt der fort. Lasst die Frau bei uns steh. Der
hat Nerve! Des hätt er sich bei seiner Sieglinde
mol getraue solle!

Ach Gott, Jutta, des Mädle tut mir laid. Wie sie jetzt
so verlore rumsteht.

Verständlich. Wenn mer sich des vorstellt. Geschtern
noch in Thailand. Heut beim Schlonzbacher Straßefescht. Kulturschock.

Es kann sei wie's will. De Franz isch en lieber Kerl, aber als Frau wollt ich den net. Du?

Wo steckt er denn überhaupt?

Drübe beim Gourmet-Zelt vom ‚Ratskeller‘. Bei de Großkopfete.

Jesses, wie sie so verzweifelt nach ihm guckt! – Sit, Nok! Take place!

Die reagiert net. Guckt nur nach ihm.

Du kann'sch doch gut Englisch, Elvira. Sag doch mol was!

Look, Nok! Your Franz is coming back!

Alleweil! Jetzt lacht se widder. Muss Liebe schön sein! Ach Gott, rührend! Wie sie ihm entgegerennt!

Jo, irgendwann rennt die ihm fort.

Was war des, Robert? Ha'sch du schon e schwere Zung?

De Helmut isch fort, hab ich g'sagt.

Dort kommt er doch von de Getränkeausgab! Er hat e Flasch Betschgräbler uff'm Tablett. Zwai Gläser.

Unser Flasch isch noch halb voll. Was soll des? Aber der Wein isch warm. Schmeckt nimme.

Du ha'sch sowieso g'nug, Robert. Du halt'sch dich z'rück!

Ich bestimm, wann ich g'nug hab!

Was?

Ach, nix.

Was schüttel'sch de Kopf, Elvira?

Diese unsinnige Trinkerei! Man kann auch ohne Alkohol fröhlich sein.

Franz! Nok! Auf, setzt euch her! Reiswein für unsere Lady habe se laider net g'habt.

Des isch gut g'maint, Helmut. Aber ...

Nix aber! Herhocke!

Ihr habt doch kain Platz mehr.

Ach was! Mir rutsche e bissl z'amme.

Leut, bleibt doch sitze! Mir wolle noch rumlaufe.
Gucke, was es so alles gibt. Nachher vielleicht.

Was will'sch denn groß gucke? Des isch jedes Johr
s'Gleiche.

Aber für sie isch alles neu! – Nok, I want to show you
the Schlonzbach street-party. We come back later.

Nix later, now! Z'ammerutsche! Alle gleichzeitig. Net
dass des Bänkle kippt! Also, geht doch!

Ach Gott, des arme Ding! Waiß net, wie se gucke soll.
Was um sie rum passiert.

Der Franz müsst halt mol eine klare Ansage mache!
Der steht nur hilflos rum.

Des isch er von seiner Sieglinde noch g'wöhnt.

Halt du dich raus, Robert!

So, der Franz uff'm Schnäpperle. Nok, you can sit
between Robert and Jutta. You are slim.

Ich hab net g'wusst, Elke, dass dein Helmut so gut
Englisch kann.

Ach was! Des ,slim' kennt er vom Hemdekaufe. Weil
die ihm nie passe.

Mensch, Helmut! Lass die beiden doch erstmal ihre
Zweisamkeit genießen, statt sie zu bedrängen!

Die habe noch die ganze Nacht! Aber des sagt dir net
viel, gell. Weil du solche Nächt net kenn'sch! Trink
dei Apfelsaftschorle!

Helmut, des war jetzt taktlos gegenüber unserer
Elvira!

Habe alle was im Glas? – Gut. Zum Wohl allerseits!
Auf unseren Franz und seine Nok!

Prost! Es gilt!

Cheers, Nok! Here in Germany we say: So young like
now we come never together!

Franz, darling help me! What does your friend say?

Not important. Forget it!

Horch, Franz. Die Nok muss Deutsch lerne! Ganz
wichtig!

Du, die isch jetzt grad mol zwai Tage hier!

Ich main nur, du mu'sch hinnerher sei. Ohne Deutsch
kann die bei uns net emol putze.

Wer sagt, dass die irgendwo putze soll?

Ja soll die Nok de ganze Tag dehaim rumhocke? Warte
bis du vom G'schäft komm'sch? Die wird doch
rammdösig. Die kriegt Haimweh!

Do isch was dra, was de Helmut sagt. Die Linda vom ...

Robert! Mu'sch du a noch dein Senf dezugebe?

Ganz kurz. Die Linda vom Rosner Heinz hat drei, vier
Putzstelle. Bei Privatleut, sogar in einer Arzt-
praxis.

Des kann'sch doch net vergleiche! Die kommt net aus
Thailand. Des isch eine Philippinin. Erzkatholisch.

Ja und? Spielt des e Roll?

Ha ja! Die integriert sich leichter. Schon vom Glaube
her.

Soweit ich waiß, putzt die sogar im katholische Pfarr-
haus.

Übrigens, auf den Philippinen wird neben der Urspra-
che Tagalog noch Spanisch gesprochen.

Bring mich net draus, Elvira!

Jetzt lasst doch mol den Robert schwätze, wenn er
mol zu Wort kommt!

Danke, Helmut. Jedenfalls habe mer viele asiatische
Fraue in Schlonzbach. Die sin alle fleißig.

Also des stimmt. Die vom Bergmüller Schorsch isch
aus Thailand. Die tragt nebeher Reklameblättle
aus. Un schafft obends noch bei einer Catering-
Firma.

Moment, Elke. Du bi'sch net uff'm Laufende! Des war
mol. Die hat sich kürzlich vom Schorsch getrennt.
Die isch ab!

Sag bloß!

Wenn ich dir sag! Es haißt sogar, mit dem Chef von
dem Catering-Betrieb.

Deshalb seh ich die in letschter Zeit nimme!

Also mich hat des net g'wundert. Dass der Schorsch ein
Hohlblock isch, hätt ihr jeder vorhersage könne!
Jetzt hockt er halt widder mit seiner Batschkapp
am Handwerkerstammtisch.

Ja, so kann's geh.

Gut so! Wenn die Fraue mol wisse, wie des bei uns
lauft und die Sprach beherrsche, isch's aus mit de
Samtpfote. Dann fahre die ihre Kralle aus! Dann
sin die nimme so pflegeleicht, wie die Männer
des gern hätte!

Herrgott, Jutta! Net schon widder aus der Emanzen-
Eck schieße! Der Franz isch net de Schorsch! Ich
hab des Gestichel satt!

Könntet ihr vielleicht mal von etwas anderem reden?
Die Nok spürt doch, um was es geht. Kümmert
euch mehr um sie!

Nur noch des. Ich sag mol so. Die Asiatin an sich isch
von Natur aus treu. Wenn mer die gut behandelt,
passiert sowas net!

Horch, Robert. Solche Fraue gibt's auch bei uns.

Manche sin sogar so treu, dass mer die nimme loskriegt. Weiter sag ich nix. – Guck net so kariert, Jutta! Dich main ich net.

Du kann'sch en elender Kotzbrocke sei, Helmut!

Hört bitte auf! Seht ihr nicht, wie die arme Nok ihr Handtäschchen an sich presst? – Franz, jetzt nimm sie doch mal in den Arm!

Wie denn? Wenn ich schräg gegenüber auf dem Schnäpperle hock?

Dann steh halt auf und geh zu ihr! Die fühlt sich allein.

Any trouble, darling? Talking about me?

No problem, Nok! Only discussion among friends. Local gossip.

Give me your handbag, Nok. No good place on the table. Better under.

Sie will ihr Täschle net hergebe, oh jeh, guck doch!

Franz! Darling, help me! What is going on?

Ich will doch nur, dass nix dra kommt! Sag ihr des, Darling Franz!

Wieso ich? Du wollt'sch doch, dass sie sich zu euch setzt!

Sei doch froh, dass mir sie so herzlich bei uns integriere!

Ja. Aber lasst ihr doch Zeit! Des isch doch alles neu für sie. Deshalb wollt ich ihr in Ruh alles zaige.

Also langsam könnt de Musikverain widder spiele. Die Mittagspaus war lang genug.

Aha, der neue Dirigent sucht seine Musiker z'amme.

Bevor ich's vergess, Franz. Nochmol wege der Sprach für die Nok.

Die hab ich geschtern zum Wintersemeschter bei der Volkshochschul a'gmeldet. Hab zufällig die Sekretärin getroffe.

Des geht doch zu langsam. Hör zu, Schlonzbach hat neuerdings einen Integrationsbeauftragten.

Sowas braucht die net. Die hat doch mich!

Wart doch ab, was ich sage will! Der Herr Gonzalez macht des ehrenamtlich. Spanier. Hat also selber Migrationshorizont. Schwätzt aber flüssig Deutsch.

Das heißt ,Migrationshintergrund', nicht ,Horizont'. Und eine Sprache spricht man nicht ,flüssig', sondern ,fließend'.

Haarspaltereie! Bring mich net draus, Elvira! – Was wollt ich sage? Ah ja! Der Gonzalez vermittelt pensionierte Lehrer, die wo Ausländer Deutsch lerne.

Entschuldige, Helmut, aber so ein Kurs könnte dir auch nicht schaden.

Herrgott, Elvira! Was isch denn schon widder?

Relativsätze mit Personen beginnen nicht mit ,die wo'. Und Lehrer ,lehren', Schüler ,lernen'. Nicht umgekehrt! Zwei Fehler in einem Nebensatz!

Des mu'sch du mir sage! Grad du! Horch, seit wann bi'sch du jetzt bei uns?

Warum? – Seit etwa zehn Jahren.

Un du kann'sch immer noch net Schlonzbacherisch schwätze! Also so lang braucht die Nok net!

Aber die lernt doch hier kein vernünftiges Deutsch!

Schluss jetzt! Wo bleibe denn die Musiker? Um halber
drei wollte se weitermache. Wie viel Uhr isch'n,
Elke?

Nach meiner Uhr genau fünf Minute nach dreiviertel
drei!

Nok, soon you can hear typical German music.

Oh yes, yes. Music. – Franz! Darling!

Wo steckt denn der Kerl jetzt? So ein Stoffel!

Der sucht de Toilettewage. Mir hat er g'sagt, er müsst
dringend austrete. Er sei glei widder do.

Hoffentlich. Die fühlt sich doch verlore ohne ihn.

De Helmut kümmert sich doch um sie.

Nok, in German we call this event now a ‚Hocketse'.
Say Hocketse.

Ho-ket-se?

Very good! Your first German word!

Des klingt nur noch e bissl abg'hackt. Chinesisch
irgendwie.

Oh, Robert, schwätz doch net so blöd raus!

Wieso blöd? Ho-ket-se klingt wie Chinesisch. Wie
Mao-Tse-Tung.

Au, wie sie jetzt d'Ohre spitzt, guck!

Mao-Tse-Tung? Chinese Leader. No good man. Is
dead.

Du ha'sch sie verwirrt, Robl. Die isch ganz hinnerfür!

Franz, please help me! – Where is he? Darling!

Don't get excited, Nok. He is in the public toilet. Will
be back in a moment.

Danke, Elvira. Aber des wollt ich ihr grad sage. Horch,
äh, hear, Nok ...

‚Listen' versteht sie besser, Helmut!

Von mir aus. Listen, Nok. Mao-Tse-Tung has nothing to do with our Hocketse. It is only one word in German. Say it again.

‚Hokese'?

Bravo! Much better now!

Sorry, I don't understand the word. What does it mean?

I explain. Well ...

Bis jetzt stimmt es!

Well, look this event! People are happy. They eat, drink, have fun together. All sit at a ... Elvira! Was haißt ‚Biergarnitur'?

Oh, da muss ich passen! Gehört ja nicht gerade zum Grundwortschatz.

Bei uns schon! In dei'm Diakonie-Englisch vielleicht net.

Warum sagst du nicht einfach ‚at a table'?

Weil des was ganz anneres isch!

Schwachsinn, Helmut! Ausgerechnet ‚Hocketse' und ‚Biergarnitur'! Mit so entlegenen Wörtern fängt man beim Spracherwerb doch nicht an!

Doch! Grad! Die g'höre bei uns zur Leitkultur! Außerdem könnt die Nok mit dem Wörtle schnell ganze Sätz bilde. Ohne Grammatik!

Da bin ich aber gespannt. Wie soll das denn gehen?

Nur mit e paar Zusatzwörtle. Nach'm Baukaschteprinzip!

Zum Beispiel?

Pass uff! ‚Wo-hocketse?' Oder ‚Hocketse-scho lang?' Oder erweitert. ‚Hocketse-immer noch?' Oder ...

Super, Helmut! Genial! Noch länger. Achtung. ‚Dort

hocketse – an der Biergarnitur von de Brauerei!'
– Jutta, was soll des?
Bravo Robl! Der hat meine Methode begriffe!
Gib die Weinflasch her, Jutta! Bitte.
Nix! Die kommt weg! Du ha'sch g'nug! Schluss mit
dem Blödsinn!
Her mit der Flasch! Wann ich g'nug hab, bestimm
immer noch ich!
Immer noch? Des wär s'erschte Mol. – Recht so, Robl!
Ein Machtwort! Des isch von der Jutta übergriffig!
Jesses, des arme Mädle, die Nok! Ganz verstört.
Die denkt doch, mir habe Krach, Elke.
Gott sei Dank, de Franz! – War'sch aber lang weg.
Eine riese Schlang am Klowage. Bei de Fraue bis um
d'Eck.
Ach Gott, guck doch! Wie die sich an ihn hängt. In
seine Arme flieht, könnt mer sage.
Everything all right, Darling?
Oh yes, yes! I'm happy now! But don't leave me alone.

War irgendwas?
Ach woher! Mir habe uns gut unnerhalte, gell Nok?
Cheers! Zum Wohl, Robl! – Ach so, du ha'sch jo
nix im Glas.
Guck mal, ihr G'sicht beim Trinke. Die nippt nur am
Glas. Ich glaub, Wein schmeckt ihr net.
Gewohnheitssache, Thailand isch halt kai Weinbau-
gegend. Franz, was trinke die dort drübe so?
Viel Tee. Aber auch Bier. Seltener Wein. Sie trinkt
gern Cola.
Halt, Rosi! Stopp!
Zupf mi net am Rock! Du wai'sch, des mag i net.

Eine Cola. Mit Glas.

Bi'sch du krank, Helmut?

Doch net für mich! For our young lady from Thailand.

Mit mir kann'sch Deutsch schwätze!

Halt! Noch e Flasch Wein für de Robert. Seine isch
konfisziert!

Was?

Beschlagnahmt von der Getränkeaufsicht. Von seiner
Jutta!

Aha, die erschte Musiker komme mit ihre Bierkrüg.
Wie's aussieht, geht's bald weiter.

Von mir aus hätte die länger Paus mache könne. Die
Musik isch mir zu laut. Ich will beim Schwätze
net schreie müsse.

Herrgott, dann schwätz halt mol nix! Es isch dir
niemand bös.

Was stichel'sch denn immer gege die Jutta, Helmut?

Ha, wenn ich sowas hör!

Was denn? Die hat doch nur g'sagt ...

Horch, zum Fescht g'hört e Bloskapell! Die isch immer
laut. Des waiß mer doch vorher. Wenn mer des net
vertragt, bleibt mer dehaim!

Was bi'sch denn jetzt so aggressiv?

Des geht mir uff de Sack! Alle solle nach ihrer Pfeif
tanze!

Also des versteh ich jetzt net.

Nemmt ihrem Robert ai'fach sein Wein weg! Weil
sie bestimmt, er hätt jetzt g'nug. Wo gibt's denn
sowas? Un der Trottel lasst sich des g'falle!

Wenn ihr mich fragt …

Dich fragt aber niemand, Elvira! – Un jetzt passt der Jutta die Musik widder net! Ich geh jetzt vor zum Dirigent.

Bleib hocke, Helmut! Wer net blöd!

Doch! Ich sag ihm, er soll seine Blechbläser leiser spiele lasse. Zimmerlautstärke, dass e Frau beim Zuhöre normal weiterschwätze kann. Dafür hat der bestimmt Verständnis!

Steiger dich net nei, Helmut! Mach aus einer Muck kain Elefant!

Oh, lass ihn doch, Elke! Mer waiß doch, von wem's kommt. Außerdem: ‚Was kümmert es die Eiche, wenn sich die Wildsau an ihr schabt?'

Habt ihr g'hört, was die zu mir g'sagt hat? Des nemm'sch du zurück, Jutta!

Also, den Vergleich hätt'sch dir jetzt spare könne, Jutta! De Helmut lass ich mir von niemand belaidige! Auch nicht von dir!

Ach Gott, Elke, heul'sch du jetzt? Des hab ich doch net so g'maint!

Aber g'sagt! Mein Helmut hat vielleicht e rauhe Schal, aber innedrin en waiche Kern. Des sollt'sch du doch inzwische wisse!

Ja, kann sei. Aber arg innedrin! Zu dem bin ich noch net vorg'stoße.

Schluss jetzt mit dieser dummen Streiterei! Die Jutta hat doch nur ein Sprichwort zitiert! Zugegeben, kein glückliches Beispiel. Aber da ist niemand persönlich gemeint!

Un was isch mit der ‚Wildsau', Elvira?

Das ist nur eine Metapher, ganz allgemein. Ein Bild
für eine gedachte Situation! Kapiert ihr das denn
nicht?

Ehrlich g'sagt, net so ganz.

Also noch einmal, Klartext: Dieses Wildschwein ist
nicht identisch mit Helmut! Und die ‚Eiche' ist nicht
die Jutta, wie sie da sitzt! Ist der Groschen gefallen?

Also, wenn mer's so sieht.

Jetzt entspannt euch. Atmet tief durch. Denkt dabei
an etwas Schönes. Schließt ruhig mal die Augen.

Ja, Herrgottsakrament! Sin mer jetzt bei deiner The-
rapie-Hocketse in der Diakonie oder was?

Sei still, Helmut, auch du. – Robert!

Ja. Was isch?

Du liest uns jetzt bitte aus dem Programm-Flyer
vor, was wir musikalisch zu erwarten haben. Wir
hören dir zu.

Jetzt komm'sch endlich a mol zu Wort, Robl!

Helmut, bitte! Nicht schon wieder provozieren!

Moment. Wo isch'n des Faltblättle? Mei Brill. So, jetzt.
‚Der Musikverein Harmonie Schlonzbach begrüßt
Sie ganz herzlich zum diesjährigen …'

Doch net des Grußwort! Was steht nach ‚Pause'?

Ah ja, ich hab's! Also: ‚Ein Potpourri zündender
Marschmelodien'. Dann ‚Beliebte Stimmungs-
lieder zum Mitschunkeln' …

Ha'sch g'hört, Franz? Des isch doch was für unser …
Wo isch er denn mit unserer Miss Thailand?

Die sin weiterg'ange! Ha'sch des net mit'kriegt?

Was? Ohne was zu sage? Grad jetzt, wo's richtig
losgeht!

Die wolle doch erschtmol für sich sei. Ich versteh des.

Wo sin die, Elke? In welche Richtung sin die verschwunde?

Sie wollte zum Frisörsalon Schäuble. Beim Kinnerschminke zugucke.

Kinnerschminke! Deshalb muss mer net nach Schlonzbach komme. Des gibt's überall uff de Welt. Aber die Stimmung bei so einer Hocketse …

Ich bezweifle, dass die Nok diese Stimmung teilen kann.

Halt! Bleib! Was ha'sch denn vor? Helmut!

Reiß mir die Kitteltasch net ab! Die hol ich nochmol her!

Es isch ein Elend mit dem Mann! Wenn der nach e paar Viertel was im Kopf hat, kann'sch den nimme bremse!

Sorry, Nok. I am it again. – Horch, Franz! Unser Musikverain legt glei los. Eine Schunkelrunde! Des wär doch ein Erlebnis für die Nok!

Ich waiß net, Helmut. Des isch vielleicht gut g'maint. Aber sowas wie Schunkle kennt mer in Thailand net.

Ja grad deshalb! Die soll doch Neues kennelerne! Unsere Mentalität.

Du, die wär im Moment überfordert. Die verschreckt des vielleicht. Kriegt sogar Angscht.

Ach woher denn? Die müsst doch net mitschunkle! Aber die Atmosphäre kriegt sie mit. Fröhliche Mensche, lachende G'sichter!

Ja schon. Aber alles zu seiner Zeit. Stell dir doch vor, am Freitag ware mer noch am Flughafe in Bangkog! Nach einer ewig lange Busfahrt!

Geht denn kain Flieger direkt von Phuket oder Pattaya aus?

No Phuket! Not Pattaya! Tell him, Franz!

Au, die hört genau zu! Hab ich was Falsches g'sagt?

Du, Thailand isch groß. Sie kommt aus'me Dorf im Norde. Des sin ganz annere Leut. Mit Sex-Tourismus habe die nix zu schaffe.

In so abg'legene Gegende ha'sch du dich rumgetriebe?

Wollt'sch du net wisse, wo dei Frau herkommt? Ihre Familie kennelerne?

Die Eltern, ja. Aber die bucklich Verwandtschaft könnt mir g'stohle bleibe! Wenn ich nur an die Mischpoche von meiner Elke denk! Aber meine sin a net besser.

Look, darling! The little girl. Her face like a cat! Or is she a tiger?

Helmut, die Nok hat jetzt so e Freud an dem Kinner-schminke. Könne mer net später schwätze?

Klar. Aber jetzt kommt doch rüber! Die Schminkerei lauft euch net weg!

Sei mir net bös, Helmut. Ich däd mich jetzt gern nur um die Nok kümmere!

Dafür ha'sch noch Zeit genug. Also wenn's zwische euch gut lauft. Was ich euch wünsch.

Danke, Helmut. Aber jetzt ...

Was anneres. Sin des net bettelarme Leut in deiner thailändische Verwandtschaft in spe?

Hungere müsse die net! Des sin Bauersleut. Die sin zufriede mit dem, was se habe. Bissl Landwirt-schaft, Reisfelder, Viehzeug – was gibt's do zu grinse?

Und neuerdings einen Schwiegersohn aus Germany in
  der Familie! Des isch a net verkehrt!
Oh, look darling! The boy has changed to a terrible
  pirate!
Entschuldigung, Helmut. Aber du bi'sch ein Arschloch!
What the matter, Franz?
Come on, Nok! Let's go on to another place!
Ich hab's gut g'maint! Isch des de Dank?

Wollte se net mitkomme, gell?
Rutsch doch mol! – Warum spiele die net? Die hocke
  doch uff de Bühn. Die warte noch uff de Frieder.
  Der isch irgendwie verscholle. Ohne den dicke
  Frieder mit der Tuba könne die net a'fange.
War was, Helmut? Du guck'sch so. Ich kenn dich doch!
Oh, lass mi grad!
Ha'sch dich g'ärgert, weil die net mitgehe wollte?
Sie wär vielleicht mitg'ange. Nur der Franz net. Der
  war irgendwie sauer.
Des muss doch en Grund habe! Ha'sch was Blöd's
  g'sagt?
Ach ich hab nur beiläufig e Spässle g'macht.
Oh je! Des kenn ich bei dir!
Aber es isch doch so! Der hat doch jetzt den ganze
  Clan von der Nok am Hals. Bauere, alles arme
  Schlucker! Die hebe natürlich s'Händle uff!
Sag bloß, du ha'sch ihm des g'sagt? Kai Wunder hat
  der sauer reagiert!
Ach was! Ich hab nur eine Andeutung g'macht. Weil
  der Franz behauptet hat, die seie zufriede mit
  dem, was se habe.
Das ist doch etwas Schönes, zufrieden zu sein!

Oh, unser Elvira widder! Die ware vielleicht zufriede, bis der Franz in ihr Lebe komme isch!

Was will'sch denn damit sage?

Beispiel: Der Thai-Schwiegervadder hat bisher mit seine Zugochse gezackert.

Meinst du ‚gepflügt'?

Unnerbrech mich net, Elvira. Egal. Jetzt braucht er plötzlich einen Traktor. Weil er die Schinderei satthat. Kein Problem! Wozu hat mer den Franz aus'm Schlaraffeland in der Familie?

So kann'sch des doch net seh, Helmut!

Doch, so isch's halt! Oder ihr Hütt kommt dene jetzt zu primitiv un zu klai vor. Also umbaue, erweitere, modernisiere! Dreimol dürft ihr rate, wohin die Rechnung geht! – So lauft des nämlich!

Du spinn'sch dir do was z'amme, Helmut.

Ich seh des nur net durch die rosa Brill vom Franz! – Lass die Schwiegermutter in Thailand mol e Waschmaschin wolle. Weil die nimme im Fluss wasche will. – Wer zahlt die?

Ich hör mir dieses dumme und rassistische Gerede nicht mehr an! Ich gehe!

Bitte, es halt dich niemand!

Du bleib'sch, Elvira! Herrgott, was isch denn mit ai Mol los? Mir sin die ganze Zeit so g'mütlich z'ammeg'hockt!

Ach, ich finde es beschämend! Der Franz ist unser gemeinsamer Freund! Statt sich einfach für ihn zu freuen, wird alles hinterfragt und madig ge-macht!

So isch's net, Elvira. Mir mache uns halt Sorge um ihn. Liebe macht bekanntlich blind!

Das mag bis zu einem gewissen Grad stimmen. Aber
es ist auch ein wunderbarer Zustand!
Hört, hört! Du musch's jo wisse, Elvira! Wo du doch ...
Helmut! Net schon widder so!
Es ist jedenfalls eine besondere Gnade, im fortge-
schrittenen Alter noch einmal die Liebe erfahren
zu dürfen.
Hoffentlich kann er von der Gnade noch e Weil Ge-
brauch mache!
Übrigens, was habe die in Thailand für eine Währung?
Wie haißt des Geld?
Die bezahlen mit ‚Baht'. Den Wechselkurs kann ich
dir nicht sagen.
Will'sch du des Thema wechsle, Robl? Isch's dir zu
heikel?
Ach was! Des Wort hat mir im Kreuzworträtsel neulich
g'fehlt.
Oder spiel'sch du mit dem Gedanke, dich in Thailand e
bissl umzugucke? Ob dir net so eine mandeläugige
... Au! Lass deine Füß bei dir, Elke!
Ja Herrgott, suche die immer noch nach dem Frieder?
Ohne die Tuba könne die net a'fange.
Was steh'sch denn jetzt uff un guck'sch in de Gegend
rum, Helmut?

Ich hab grad g'maint, ich hätt ihn in dem Gedrängel
g'seh.
Wen? Den Frieder?
Ach was! Unsern Flitterwöchner Franz mit seiner
junge Braut! Dass die net zu uns herhocke, sitzt
mir immer noch net glatt.
Waiß jemand, ob die schon in Thailand g'heiratet habe?

Glaube ich nicht. Mir hat der Franz vor der Abreise gesagt, er wolle erstmal abwarten, ob er hier mit der Frau kann.

Wie's aussieht, kann er! Sogar gut! Wer in Thailand kann, der kann a bei uns! Der hat's net abwarte könne!

Oh Helmut, mit deiner schmutzigen Phantasie! Er meinte, ob die Chemie zwischen ihnen stimmt!

Die Chemie? So kann mer's a sage – diakonisch ausgedrückt.

Also in Thailand wär des Heirate ai'facher g'wese. Ohne Papierkram und Ämterrennerei.

Woher will'sch du des wisse, Robert? Dort gibt's auch Bürokratie. Sowas wie Meldebehörde, Standesämter.

Ja. Aber annere Beamte. Im Fernsehe hab ich einen Dokumentarfilm g'seh. Mit Schmiergeld geht dort alles schneller. Sozusage wie g'schmiert!

Aber zum Heirate braucht die Frau doch wenigschtens eine amtlich beglaubigte Geburtsurkunde!

Kein Problem! Der Reporter hat im Standesamt mit versteckter Kamera g'filmt. Als Trauzeuge getarnt.

Und? Lass dir doch net alles aus de Nas ziehe!

Der Beamte: „Geboren wann? – Wisse Sie net genau?" Die Frau schiebt diskret e Kuvert über de Tisch. Der Beamte guckt unner de Schreibtischkant kurz nei. Dann sagt er: „Was schreibe mer nei?"

Des gibt's doch net!

Doch! Schon war die Frau für den Heiratsmarkt e paar Jährle jünger!

Ha, des wär doch was! Oder?

Was guck'sch denn mich a, Helmut?

Des war Zufall! Aber do bräucht mer bei manche Fraue
schon e dickes Umschlägle.

Er kann's net lasse!

Komm, schlupf e bissl her, Elke!

Au, pfetz mich net in mein Hüftspeck! Ich muss ab-
nemme, ich waiß.

Bloß net! Ich mag jedes Pfündle an dir!

Sehr charmant, diese Liebeserklärung. Typisch Helmut! Hör zu, eine Frau kann auch abnehmen
wollen, um sich selbst zu gefallen, nicht wegen
der Männer!

Also du wär'sch mir zu dürr, Elvira! – Jetzt guck net
so entsetzt! Halt e bissl arg schlank.

Also ich gefalle mir so wie ich bin!

Des isch d'Hauptsach! – Mensch, Robl! Habe mir
net Glück mit unsere Fraue? Sag ja, laut und
vernehmlich! Deine Jutta lauert schon!

Doch, ja. Irgendwie schon.

Mir wisse doch wenigschtens, was mer habe! Also den
Franz beneid ich net.

So g'seh ha'sch Recht.

Wie sagt mer? – ‚Besser eine Taube in der Hand, als
ein Spatz auf dem Dach.‘ Oder so ähnlich.

Umgekehrt, Helmut.

Es muss jo net glei e Friedenstaub sei. Prost, Robl!

Was isch denn jetzt do vorne los? Es geht irgendwie
net voran! Die Musiker stehe nur rum.

Die neue Uniforme sehe toll aus! Sehr schick. Flott.

Doch, direkt elegant. Die dunkelblaue Blazer mit dene
hellgraue Hose.

Dort! Endlich bringe se den Frieder! – Ach Gott, wie
sieht denn der aus? Für den wär's farblich umgekehrt besser!

Wieso? Was isch denn?

Ha guck doch! Sieh'sch des net? – Die Hos!

Jesses ja! Aber von obe bis unne! Ach Gott, isch des
peinlich!

Leut, des hat sich schnell bei dem Gedrängel in dem
enge Klowage.

Des kennt ihr Fraue net. Do braucht dich nur wer beim
Pinkle von hinne schubse, schon isch's passiert.

Ach komm, Helmut! Den muss doch niemand schubse.
Guck doch, wie der rumstolpert!

Ein unwürdiges Schauspiel! In dem Zustand betritt
mach doch keine Bühne!

Wenn er nur schon drobe wär! – Sag ich's net? Do
liegt er! Hoffentlich hat er sich net verletzt, der
plumpe Kerl.

Er steht schon widder! Es hat schlimmer ausg'seh, als
es isch. Der isch abg'rollt.

Bei dem seiner Figur kann'sch nur abrolle!

Ach Gott, jetzt schmeißt er noch sein Notenständer um!
Alle helfe, die Noteblätter z'ammelese.

Dass er sich jo net bücke muss! Der käm nimme hoch!

Also der neue Dirigent – souverän! Wie er den Frieder
mit sanfter Gewalt zu sei'm Platz bugsiert.

Jesses, der will sich net helfe lasse! Wie er um sich
schlagt!

Do hat er sein Stolz, de Frieder!

Und als mit der verpinkelte Hos! Des passt!

Mer könnt grad maine, des g'hört zum reguläre
Programm! Die hätte des vorher ei'studiert, gell?

127

Des könnt'sch als Sketsch im Fernsehe bringe! Einwandfrei!

Aber live isch besser. Ich könnt do noch länger zugucke.

Herrgott, des isch doch jammerschad, dass die Nok jetzt net bei uns isch! Des wär doch für die ein Erlebnis g'wese!

Ich bin froh, dass ihr das erspart bleibt! Was sich da auf der Bühne abspielt, ist doch zum ...

Komm jetzt net mit dei'm blöde ‚Fremdschämen'! Des kann'sch in der Teestub von der Diakonie bringe!

Zum Heulen, wollte ich sagen! Das dürfte ich eigentlich nicht sagen. Aber dieser Frieder gehört zum Gesprächskreis meiner Suchtgruppe trockener Alkoholiker!

Dass der Friedbert sauft, weiß doch jeder im Ort! So arg trocke kann der net sei.

Aber der dürfte keinen Tropfen Alkohol mehr anrühren! So lautet unsere Abmachung. Den muss ich beim nächsten Treffen leider heimschicken.

Lass d'Kirch im Dorf, Elvira! Der hat halt mol en Rückfall g'habt.

Das geht aber so nicht! Das ist ein Teufelskreis!

Horch, die habe schon zum Frühschoppe g'spielt. Blechbläser kriege bekanntlich Durscht!

Dann soll er meinetwegen literweise Zitronensprudel trinken!

Oder Apfelsaftschorle wie du?

Ja, zum Beispiel. Könntest du als mühsam kontrollierter Gewohnheitstrinker auch mal probieren!

Des hab ich überhört. Ich will net mit dir händle, Elvira! Wann habt ihr euern – Gesprächskreis?

Immer donnerstags.

Gut. Do isch nirgends Stammtisch.

Willst du damit etwa sagen …?

Egal jetzt! Du stell'sch ihn wege heut zur Red. Dann
sag'sch ‚Willst du darüber reden?' oder sowas.
Un gut isch!

Guckt doch! De Frieder sitzt hinner seiner Tuba!

Endlich! Des war eine Geburt! Aber sie habe's g'-
schafft!

Mit vereinten Kräften. Des nenn ich Kameradschaft!

Beifall! Bravo! Mitklatsche!

Die Akademiker drübe klopfe natürlich widder uff de
Tisch! Des hört doch kain Mensch!

Also der Frieder wirkt beinah normal, wenn mer die
verfleckte Hos nimme so sieht.

Ob der in dem Zustand noch spiele kann? Ich waiß net.

Kai Sorg, Elke. Wenn der merkt, dass er sicher an der
Tuba sitzt, verwachst der mit dem Instrument.
Abwarte!

Aha, der Farrekopf geht zum Mikrofon! Der macht
immer die Moderation beim Straßefescht.

Im Flyer steht ‚Durch das Programm führt in bewähr-
ter Weise Eugen Farrenkopf, bekannt von Funk
und Fernsehen'.

Lang her. Heut bessert der sei Rente e bissl uff. Mo-
deriert am ‚Tag der offenen Tür' bei Möbelhäuser.
Oder bei der Eröffnung von Baumärkt. So zwische
Hüpfburg und Torwandschieße.

Aber er kommt scheint's gut über d'Runde mit dem
Job. Also der Glitzersakko mit dene Silberfäde
spannt am Bauch.

Wie abgebunde. Des sieht verbote aus. Wie en Schwar-
temage im Lurex-Darm.

Dann die Farb! Pink. So gutselrosa in dem Alter!

Iiii, des pfeift! Ich muss mir d'Ohre zuhebe. Des geht
mir durch Mark und Bein!

Rückkopplung! Zu nah an de Boxe! Alleweil, jetzt hat
er's endlich im Griff!

Des war zum Uffwache. Hallo Schlonzbach! – Geht's
euch gut?

Ja!

Lauter! Ich hör nix! – Seid ihr gut druff?

Jaaa!

Schon besser! Herr Kapellmeister, Tusch! – Habt ihr
alle was im Glas?

Ja! Aber schlecht g'spült! Lippestift am Rand!

Was? Sogar mit Lippestift von einer schönen Frau!
Ich seh bloß schöne Fraue im Publikum! Mit Lip-
penabdruck müsst des Viertel doch mehr koschte!
Ein Kuss gratis!

Also schlagfertig isch er, der Farrekopf! Jetzt halt der
Dummschwätzer sei Gosch!

Jetzt alle. Hoch die Gläser!

‚Ein Prosit, ein Pro-ho-sit der Gemüt-lich-keit, ein
Prosit …‘

Mensch, jetzt fehlt unser Miss Thailand! Die könnt
mer wunderbar mit ei'beziehe! Ganz natürlich
integriere! Des däd die gar net merke.

Jetzt zum Auftakt einer Runde mit zündenden Marschmelodien unsere Stammeshymne! – Kapelle, auf
geht's! Mit Schmackes!

Baden first!

‚Das schönste Land in Deutschlands Gau'n das ist
mein Badner Land, es ist so herrlich anzuschaun
und ruht in Go-ho-hottes Hand …'
Jawoll! Mit Inbrunft, äh, Inbrunst! Und Hand aufs
Herz! Aber bitte nicht bei der Dame danebem!
Diese sexistischen Kalauer! Peinlich! Geradezu wider-
lich!
‚Drum grüß ich dich mein Badner Land, du edle Perl
im deutschen Land – deutschen Land! Glück auf,
Glück auf …!

Jutta, guck mol dort! Aber unauffällig.
Was? Ich versteh nix. Die Musik. Schwätz lauter!
Des geht net. Wege'm Helmut. Ich muss flüschtere.
Komm näher.
Was isch denn?
Unser Franz mit seiner neue Flamm, seiner Thai-
Tussi!
Wo?
Drübe beim TSV-Zeltle. Jetzt sin se beinah vorbei.
Ah ja. Ich seh se. Die gehe scheint's schon haimwärts.
Ja, aber wie? Die schleiche sich an uns vorbei. Die
wolle net von uns g'sehe were.
Sieht so aus. Die habe's arg eilig. Wie uff de Flucht.
Sieh'sch des, wie er sie schnell weiterzieht, wenn se
mit ihre rote Stöckelesschuh abknickt?
Ha ja, du merk'sch genau, die isch noch an so Flip
Flops g'wöhnt. Jetzt guckt se kurz her!
Net winke! Guck weg!
Wieso denn? Also freundlich isch die doch. So ganz
natürlich.

Aber wenn mein Helmut des mitkriegt, isch der sofort
dort. Dann zerrt er die rüber. Er maint's gut, aber ...
Habt ihr's von mir? – Keine Sorge, ich bleib hocke!
Ich hab mir schon mol s'Maul verbrennt.
Warum? Was war denn?
Sagt doch der Franz vorhin ‚Arschloch' zu mir!
Ja wie? Grad so? Do muss doch was vorausg'ange sei!
Ich wollt die nur zu der Schunkelrunde ei'lade. Des
wär doch für die Nok was Besonderes g'wese!
Genau! In Thailand kenne die unsern Frohsinn net.
Die denke, bei uns wird nur g'schafft.
Des sag'sch grad du als Beamter, Robert!
Also des isch net schön vom Franz. Do maint mer's
gut, un des isch de Dank!

Der sollt sich doch freue, dass mir die Nok so herzlich
toleriert habe!
Freud'scher Versprecher.
Was?
Entschuldige, Elke. Man kann nicht ‚herzlich tole-
rieren'.
Wieso net? Jetzt ha'sch mich drausgebracht! – Was
wollt ich aigentlich sage?
Vielleicht ‚herzlich aufgenommen' oder so.
Ja, genau! Un des isch doch net selbstverständlich!
Also mir kommt der Franz seit Thailand verändert
vor. Wie en umgedrehter Sack.
Liebe Jutta, Leben ist Veränderung! Franz erfährt das
im Moment besonders intensiv. Mag sein, ihr
nehmt ihm das übel, weil ihr selbst ...
Erspar uns dei Klugscheißerei, Elvira! Eine Hocketse
isch keine therapeutische Sitzung!

Ihr braucht das nicht, ich weiß. Ihr seid ja so normal!
Jedenfalls, ich beneide den Franz net! Im Grund will
    der nur sei Ruh. Die hätt er vom Alter her auch
    verdient.
Vergess net die lange Leidenszeit mit seiner Sieglinde!
Richtig, Robert! Des kommt noch dezu. Und jetzt? –
    Er hat so e exotisches Importpflänzle am Backe!
Aber so wie's aussieht, fühlt er sich ganz wohl!
Noch, Elke, noch! Aber des Pflänzle isch noch blutjung!
    Des will regelmäßig gegosse were!
Uff was will'sch raus, Helmut? Schwätz normal!
Im Klartext. Des Mädle hat noch Bock uff Lebe! Disco,
    Shopping, Flirte! Die will ausgeh, isch umtriebig!
Au, des isch natürlich nix für de Franz, den Trieler!
Genau darum geht's, Robl! Die Nok hat Pfeffer im
    Arsch!
Hat Temperament, meint er.
Sag ich doch! – Herrgott, ich brauch kain Dolmetscher!
Schon gut. Sprich ruhig weiter in deiner poetischen
    Sprache.
Un die isch intelligent! Die begreift schnell. Die inte-
    griert sich bei uns auch ohne Franz!
Mal de Teufel net an d'Wand! Net dass es ihm geht
    wie dem Bergmüller Schorsch! Des hätt er net
    verdient!
Seit wann kriegt mer in der Liebe, was mer verdient hat?
Do isch was dra! Des stimmt!
Kann'sch du dich vielleicht beklage, Robert? – Un-
    nersteh dich!
Leut, ich könnt wette! Im nächschte Jahr schunkelt
    die bei unserm Straßefescht mit!
Woher will'sch des wisse?

Bauchg'fühl! Könnt sogar sei, die kommt zu dem traditionelle Oktoberfescht von de Fußballer! Im Aldi-Dirndl made in China!

Was lacht ihr jetzt?

Ich stell mir grad den Franz in so're Krachlederne vor!

Also e Dirndl-Figur hat die Nok wirklich net! Null Holz vor de Hütt.

Wenn du bei der Nok obe nei'stupf'sch, bleibt doch en Delle im BH. Falls die überhaupt sowas braucht. Flach wie e Brett!

Robert! – Dieses Männerg'schwätz! Do kann'sch mol seh, was in Männerköpf vorgeht!

Diesbezüglich war der Franz bei seiner Sieglinde reichlich versorgt.

Des kann'sch laut sage! – Mein lieber Schwan!

Die mache grad weiter! Schluss jetzt! Anneres Thema!

Ob der Franz des bei der Nok net vermisst?

Ach was, Robert! Wenn ai'm lang genug was g'falle hat, sucht mer net des Gleiche, sondern was ganz anneres!

Gut zu wisse! Sehr aufschlussreich, gell Elke.

Leute, ich muss für morgen noch ein Protokoll aus- arbeiten. Leider muss ich mich verabschieden. – Tschüs beisammen!

Horch, Elvira! Des ‚leider' hätt'sch ruhig weglasse könne!

Stimmt! Ich wollte mir auch dieses Niveau nicht länger zumuten.

Wie könnt ihr in Gegenwart von uns Frauen so reden? Das ist geschmacklos und sexistisch obendrein!

Bravo, Elvira! – Robert, du kann'sch dich dehaim uff was g'fasst mache!

De Farrekopf! Es geht weiter!

Jetzt unsere Schunkelrunde! Und alle machen mit!
    Stimmung!
‚Trink, trink, Brüderlein trink, lass doch die Sorgen
    zuhaus, meide den Kummer und meide den
    Schmerz, dann ist das Leben ein Scherz …‘
Was isch, Schlonzbach? Des war e bissl müd! Also
    jetzt ein langsamer Schunkler zum Eingewöhnen.
    Den kennt ihr alle! Ich will Feuerzeuge sehen!
    – Ach, die Dame dort hat sogar Wunderkerzen
    dabei, super! Alles einhängen! Kapelle, auf geht's!
    Schunkeln light! Und alle singen mit!
‚Sierra, Sierra Madre do Sul, Sierra, Sierra Ma-ha-
    dre …‘

Des passt, gell Helmut. Grad jetzt in der Dämmerung.
    Wo liegt die Sierra Madre überhaupt?
Keine Ahnung. Jedenfalls net bei Schlonzbach.
Wai'sch du des, Robert? – Robert! Robert!
Was? Was isch, Jutta?
Die Sierra Madre, wo isch des?
Ach so? Ich glaub nirgends. Halt dort, wo jeder gern
    wär.
Robert, du guck'sch so kariert! An was denk'sch grad?
Herrgott, Jutta! Lass ihn wenigschtens denke, was
    er will!
Ich schwätz net mit dir, Helmut!
Jutta, du bi'sch wie die Sieglinde vom Franz früher!
    Noch schlimmer!
Des langt jetzt! Robert, wir gehe! Des muss ich mir
    net biete lasse! Auf!

Lass se doch geh, Robert! Bleib hocke! Die kommt
  widder!

Bitte, Helmut! Halt dich zurück!

Ich sag dir, Jutta, an was er gedacht hat! Er hat sich
  vorg'stellt, er müsst mit dir net haim! Mit dir
  Beißzang!

Helmut!

Er wär jetzt der Franz un könnt mit einer Nok schön
  thailändisch schunkle! – Wann habt ihr überhaupt
  zum letschte Mol...?

Um Gottswille, Helmut! Schrei net so laut rum!

Da haben einige Herrschaften offenbar Meinungs-
  verschiedenheiten. Sowas kommt vor. Aber bitte
  außerhalb! Kapelle!

‚In München steht ein Hofbräuhaus,
  eins, zwei, G'suffa...'

Bahnhofsfee

Sie hat so lieb ausg'seh
auf der Wartebank an Gleis drei
so sanft, voll Empathie
mit ihrem Glücksbringer-Bärle
am Reißverschluss
von ihrem Querflöte-Etui

kein Smartphonelicht
beleuchtet von unne ihr G'sicht
sie hat e dickes Buch studiert
ich hab mich vorgebeugt
den Titel hab ich net lese könne
der hätt mich int'ressiert

ich hab zu ihr rüberg'schielt
sie war nirgends tätowiert
des hat mir g'falle
Birkestocksandale, weiße Söckle
kariertes Falteröckle
in ihrem blonde Pferdeschwanz
hat der Nachtwind g'spielt
sie hat für mich ausg'seh –
ich waiß net wie ich sage soll
mädchenhaft sensibel
so nach Sozialberuf
für alles verständnisvoll

ich hätt gern länger g'wartet
mit ihr auf unserer Wartebank
eine blecherne Stimm
hat mich g'stört

‚Achtung, Reisende an Gleis drei!
In wenigen Minuten hat Einfahrt der
verspätete Intercity von …'

des isch meiner g'wese, ihrer leider net
sie lächelt mir kurz zu
aus blaue Auge, lapislazuli
und hat weiterg'lese

war ich verhext, verzaubert
oder vom Teufel g'ritte?
des kommt aufs Gleiche raus
mit mei'm Koffer in de Hand
geh ich vor zum Bahnsteigrand
dort lass ich ihn steh
so kann ich doch net geh

Verzeihung …
hör ich mich sage
mei Stimm bleibt weg
ich huscht mich frei

Verzeihung, dass ich Sie ansprech
so nachts auf dem Bahnhof
mach ich normal nie!
aber mein Zug kommt jeden Moment
durch den Nebel dort

sieht mer schon d'Lichter brenne
in e paar Minute wär's zu spät
dann bin ich fort

bitte, net wegrenne!
jetzt bleibe Se doch!
Sie müsse mir glaube
ich will Sie net beraube
ich hab nix Schlimmes vor
auch keine Anmachertricks
ich mach Ihne nix!

dürft ich Sie nur
um en winzige G'falle bitte?
es klingt e bissl komisch
aber bitte net lache!

könnte Sie eventuell
völlig unverbindlich
nur für en Augeblick so mache
als würde wir uns näher kenne
und mich quasi zum Abschied
ganz kurz in de Arm nemme?
mich e bissl drücke dabei
wär natürlich schön
müsst aber net sei
ich würde Sie net bedränge
ich halt nur still
mach d'Auge zu
die Ärm lass ich hänge

ich bin kein durchgeknallter Typ!
nur dass Sie mich verstehe
ich hab doch nur – wie soll ich's nenne?
ein Zärtlichkeitsdefizit!
es isch lang her
dass ich irgendwen
oder mich irgendwer …
weiter bin ich net komme
ich seh nur noch verschwomme
hör die Lautsprecherstimm
‚An Gleis drei bitte einsteigen,
Türen schließen automatisch.'

zwai Stunde lang bis Köln
kann ich den Spiegel net lese
mir schwelle d'Auge zu
Rotz lauft mir aus de Nas
wie Feuer brennt im G'sicht die Haut
Schmerze wie ein Stück Vieh

des hätt ich der nie zugetraut
die Bahnhofsfee vergess ich nie!
mit ihrem Dösle Pfefferspray
in dem Glücksbringer-Bärle
am Reißverschluss vom Querflöte-Etui.

D'accord mit de Welt

Nie spürt mer die Sonn
durchs weiße Hemd
so wohlig warm auf der Haut
zwitschere die Vögel
in de Bäum so laut

nie lebt mer mehr im Augeblick
denkt weniger an morge
vergesst die dumme Alltagssorge
pfeift auf Termine
Karriere und Geld

selte fühlt mer sich
so heiter beschwingt
federleicht und lebendig
ganz d'accord mit der Welt

nie schmeckt der Riesling
schon beim erschte Schluck
so herrlich uff de Zung
nie fühlt mer sich vom Lebe
so reich beschenkt
wie im Wirtshausgarte
im Frühling
nach einer Beerdigung
wenn der schwarze Trauerkittel
über der Stuhllehn hängt.

Harald Hurst. Laut Passeintrag 1945 in Buchen geboren. Wenig beaufsichtigt, daher schöne Kindheit im proletarischen Milieu der Karlsruher Altstadt, wo nach dem badischen Grandseigneur Hubert Doerrschuck die „unheilige Schwesternschaft der Gefälligen" ihr Gewerbe betrieb. Mäßiger, dem Aufwand entsprechender Volksschulabschluss. Als Pubertierender zur See gefahren, von den Fernweh-Schnulzen eines Freddy Quinn inspiriert. Ernüchterung. Danach viele unqualifizierte Erwerbstätigkeiten, auch vergebliche Weiterbildungsversuche. Zeitweise durchaus angenehm den Überblick verloren. Schubartiger, später Bildungsdrang. 1968 wundersames Abitur als sogenannter Schulfremder am Karlsruher Helmholtz-Gymnasium, dem er sich seither verbunden fühlt. Studium der Romanistik und Anglistik für das Lehramt am Gymnasium. Referendarzeit. Zweites Staatsexamen. 1979 Trennung vom Arbeitgeber zur beiderseitigen Erleichterung.

Hurst ist mit 32 Jahren wieder ohne berufliche Perspektive. Zufällig lernt er den mit 16 Jahren „jüngsten Verleger Deutschlands" (BNN) kennen. In dessen „Fächer-Verlag", einem Ein-Mann-Startup, entstehen auf kuriose Weise seine ersten Bücher. Da in der hölzernen Verlagsbaracke Eisblumen an den Fenstern wachsen, verlegt man die Arbeitstreffen häufig in die beheizten Räume einer gutbürgerlichen Wirtschaft. Dort wird man wohlwollend geduldet, auch wegen eines beträchtlichen Weinkonsums.

Seit 1980 lebt Harald Hurst nun das tägliche Wunder der freien Schriftstellerei. Polizeilich gemeldet und wahlbeheimatet im beschaulichen Ettlingen.

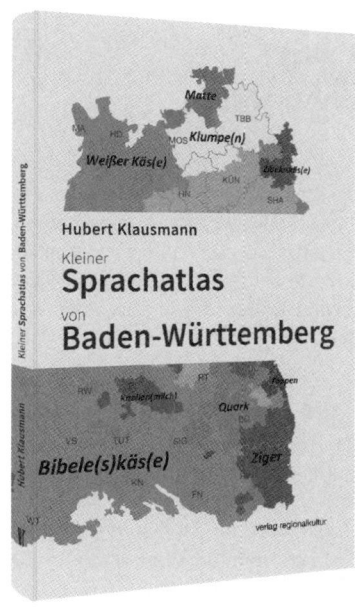

Hubert Klausmann

Kleiner Sprachatlas von Baden-Württemberg

Mit welchen Worten begrüßt man sich in Baden-Württemberg? Wie benennt man hier die Regenrinne am Dach, wie heißt das Weihnachtsgebäck und wie sagt man zu den Sommersprossen? Wer sich über die sprachliche Vielfalt im deutschen Südwesten informieren möchte, kann mit dem „Kleinen Sprachatlas von Baden-Württemberg" ein Werk zu Hilfe nehmen, das erstmalig die regionale Vielfalt im schwäbisch-alemannischen und fränkischen Sprachraum auf 80 farbigen Karten und Abbildungen darlegt. Alle Karten werden in einer allgemein verständlichen Sprache interpretiert und durch zahlreiche Wörter aus dem jeweils gleichen Themenbereich ergänzt.

Behandelt werden Bezeichnungen in alltäglichen Bereichen wie zum Beispiel „Mensch und Gesellschaft", „Obst und Gemüse", „Wetter und Zeit" oder „Haus und Gelände". Angesprochen wird aber auch der Spezialwortschatz der Tier- und Pflanzenwelt oder der Landwirtschaft. Ein eigenes Kapitel ist den vergangenen Lebenswelten und den vergessenen Bezeichnungen gewidmet. Im Eingangskapitel werden mit 10 Fragen grundsätzliche Themen erörtert wie zum Beispiel die Frage nach der Entstehung von Dialektgrenzen, nach dem Verhältnis von Dialekt und Standardsprache oder nach der Veränderlichkeit von Dialekten. Den Abschluss des „Kleinen Sprachatlas von Baden-Württemberg" bildet eine Einführung in die lautlichen und grammatikalischen Besonderheiten des deutschen Südwestens. Ein Register mit den 5000 im Buch besprochenen Dialektwörtern ist angefügt.

Prof. Dr. Hubert Klausmann erforscht seit vier Jahrzehnten die Dialekte Baden-Württembergs, Vorarlbergs und Liechtensteins. Er leitet am Ludwig-Uhland-Institut der Universität Tübingen die „Arbeitsstelle Sprache in Südwestdeutschland / Arno-Ruoff-Archiv".

192 S. mit 84 farb. Karten und Abb., fester Einband. ISBN 978-3-95505-210-2. EUR 19,90.

verlag regionalkultur
Bahnhofstr. 2 • 76698 Ubstadt-Weiher
Tel. 07251 36703-0 • www.verlag-regionalkultur.de
versandkostenfrei für Endkunden innerhalb der Bundesrepublik Deutschland

Jetz isch halt alles anderscht, net?
Kultureller Wandel im Ländlichen Raum

In den 1950er und 1960er Jahren entstanden einzigartige Tonaufnahmen von Dialektsprecherinnen aus ganz Baden-Württemberg, die vom Leben und Arbeiten, von Gesundheit und Krankheit, von der Freizeitgestaltung und von den tiefgreifenden Entwicklungen im Ländlichen Raum erzählen. Sie geben unmittelbar Einblick in die Lebenswelten dieser vergangenen Jahrzehnte.

Das Hörbuch präsentiert Tonausschnitte aus dem 800 Stunden umfassenden Arno-Ruoff-Archiv des Ludwig-Uhland-Instituts für Empirische Kulturwissenschaft der Universität Tübingen. Die historischen Aufnahmen werden durch neueres Tonmaterial ergänzt, das den beschriebenen Wandel bis in die Gegenwart weiterverfolgt.

Das beiliegende Booklet enthält die verschriftlichten Interviews sowie Erläuterungen zu den wichtigsten Merkmalen der in Baden-Württemberg gesprochenen Dialekte.

Historische Interviewaufnahmen aus Baden-Württemberg, 1. Sprecher Peter Binder, Hörbuchkonzeption Mirjam Nast, Projektleitung Hubert Klausmann und Reinhard Johler.

Audio-CD im Schuber inkl. 64-seitigem Booklet.
ISBN 978-3-95505-204-1. EUR 19,90.

verlag regionalkultur
Bahnhofstr. 2 • 76698 Ubstadt-Weiher
Tel. 07251 36703-0 • www.verlag-regionalkultur.de
versandkostenfrei für Endkunden innerhalb der Bundesrepublik Deutschland